미륵의 나라

KB191483

미륵
의
나
라

이 책은 경전 이야기와 미륵도상 이야기라는 두 개의 기둥으로 엮어져 있습니다.

시작하면서

우리나라는 석탑도 많지만 미륵도 많은 나라입니다. 미륵하면 금방 멋있는 반가사유상과 토속적인 인상의 돌미륵을 떠올릴 만큼 우리나라는 미륵의 나라입니다. 초월적이고도 매력적인 미륵반가사유상을 미치도록 사랑하여 숱한 걸작을 남겼을 뿐만 아니라 무술과 풍류를 숭상하는 화랑도를 창출해 낸 나라이기도 합니다.

돌로 다듬은 미륵은 우리나라 고유의 입석신앙과 관계가 있는 듯합니다. 경남 밀양 부근에 있는 만어사(萬魚寺)라는 절에는 비스듬히 서 있는 거대한 자연 바위를 정식 미륵으로 모시고 있는데 복을 비는 신자들로 성황을 이루고 있습니다. 미륵바위 옆에다 여느 적멸보궁처럼 불상 없는 건물을 짓고 거기에서 유리창 너머로 바라보게 되어 있습니다.

선바위나 선돌이라고 부르는 입석에다 미륵을 조각하고 예배하면 그것은 이미 훌륭한 미륵보살상이요, 미륵여래상입니다. 미륵의 권위자이신 김삼룡(金三龍) 님이 지은 《한

국미륵신앙의 연구》에 의하면 우리나라(남한)에는 총 370
구의 미륵불상이 있다고 합니다. 절간은 말할 것도 없고 산
이나 들판, 언덕이나 개울가에도 갓을 쓴 미륵, 상호를 구족
한 미륵, 더러는 균형이 안 맞는 미륵 등을 쉽게 만나볼 수
있습니다. 그 중에서도 갓 쓴 미륵은 이왕에 갓이 우리나라
를 대표하는 상징물이 되어 왔던 것처럼 가장 한국적인 불
상으로 한국을 대표하는 또 하나의 브랜드로 내세워도 손색
이 없을 것입니다.

　미륵은 청정하고 살기 좋은 인간정토의 건설을 창도(唱
導)하는 미래불입니다. 잘못되거나 나쁜 세상을 허물어 버
리고 새판을 짜기 위하여 내림하는 구세주가 아닙니다. 미
륵신앙은 정토(淨土)에 다시 태어나기(往生)를 기원하는 신
앙입니다. 왕생을 비는 정토에는 두 가지 종류가 있습니다.
하나는 미륵보살이 인간 세상에 내려오기까지 대기하고 있
는 도솔정토요, 다른 하나는 머나먼 미래에 이룩될 지상 낙
원입니다. 하나는 저절로 존재하는 자연의 도솔천이요, 다
른 하나는 우리들이 대대손손 손수 이룩해 가야할 인간정토
인 것입니다.

　미륵의 정토에 왕생하기 위하여 닦아야 할 미륵도(彌勒
道)는 예불·참회·십선을 주축으로 하는 행하기 쉬운 이
른바 이행도(易行道)입니다. 관법(觀法)을 행한다 하더라도
어렵고 깊은 선정(禪定)이 필요 없으며 번갯불삼매로 족합
니다.

　이 책은 경전 이야기와 미륵도상(圖像) 이야기라는 두 개

의 기둥으로 엮어져 있습니다. 미륵도상 이야기는 필자가 지난 십여 년 동안 순례·탐방했던 석불의 한국적 특징을 살펴보는 이야기이며, 경전 이야기는 말 그대로 본원경(本願經)을 비롯한 미륵삼부경을 소개하고 미륵사상의 본질을 찾아보는 이야기입니다.

글 가운데 고금의 조상명문 ─ 사실은 조상(造像)뿐만 아니라 조사(造寺)·매향(埋香) 비문도 들어 있습니다만 ─ 을 몇 개를 골라 넣은 것은 신라·고려·조선을 꿰뚫는 통시적인 귀족과 평민의 미륵신앙의 속내를 들여다보기 위해서입니다. 흔히 보는 조상명문은 망자(亡者)의 명복을 비는 짤막한 것인데 비해 이것들은 비교적 장문이고 내용도 흥미가 있어 감상할 가치가 충분히 있다고 생각해서 넣었습니다.

부족한 점과 독단에 대하여는 독자 여러분의 너그러운 용서를 빕니다. 미륵은 어쩌면 우리를 마음의 고향으로 인도하는 길잡이요, 우리의 뿌리를 붙들어 매는 닻인지도 모릅니다. 이 책이 미륵을 사랑하는 분들에게 조금이라도 도움이 된다면 그런 다행이 없겠습니다. 끝으로 미륵 답사를 함께 했고 이 책이 나오기까지 비상한 열정을 가지고 격려와 조언을 아끼지 않은 아내 서갑선 여사에게 깊은 감사를 드립니다.

2006년 봄, 안성 오밋들에서
월암(月庵) 최 종 례(崔 鍾 禮)

미륵의 나라 _ 목차

시작하면서

수기(授記) 이야기
　　　　　수기삼존(授記三尊) ● 15
　　　　　선혜의 꽃 공양 ● 18
　　　　　성우의 등불공양 ● 24
　　　　　미륵의 수기(受記) ● 27

미륵의 생애
　　　　　미륵의 탄생과 피신 ● 31
　　　　　스승 바바리의 고민 ● 33
　　　　　16제자의 원행과 출가 ● 35
　　　　　마하파자파티의 금란가사 보시 ● 38
　　　　　미륵의 설법에 취한 구슬장이 ● 40
　　　　　아나율의 보시 이야기 ● 42
　　　　　석가모니불의 미래세 이야기 ● 44
　　　　　미륵의 전신 담마류지왕 ● 46

미리 찾아보는 돌미륵

갓 쓴 미륵의 매력 ● 54

졸속(拙俗)의 아름다움 ● 60

미륵은 누구인가

본원(本願)의 뜻 ● 73

과거불과 여래 십호 ● 76

미륵이라는 이름의 유래 ● 80

미륵의 거주처, 도솔천 ● 84

전륜성왕(轉輪聖王) ● 88

미륵의 길, 십선도(十善道) ● 91

두 개의 미륵정토 ● 95

미륵의 하생 시기 ● 99

미륵보살의 사람됨 ● 102

미륵의 도상(圖像) 이야기

보살상과 여래상 ● 107

부처님의 32상과 80종호 ● 110

인도와 중국의 미륵 ● 115

한국 미륵도상의 실마리 ● 121

신선사미륵불의 용화법회 ● 122

도솔천상의 미륵보살 ● 126

비천 같은 미륵보살 ● 128

감산사석조미륵보살입상 광배 명문 ● 131

연꽃을 든 미륵반가상 ● 134

한 쌍의 부부 같은 쌍미륵 ● 135

관악산의 미륵불 초상화 ● 138

미륵경전 이야기

미륵경전의 종류 ● 142

석가모니불과 미륵의 본원 ● 144

관미륵보살상생도솔천경 ● 151

법회의 서곡 / 도솔천의 장엄 / 미륵의 왕생 /

도솔천 왕생의 공덕 / 마무리

도솔천과 염부제의 미륵 ● 163

매향(埋香)에 부치는 소원 ● 168

사천매향비문 ● 170

관경(觀經)의 진면목 ● 173

미륵의 도상을 찾아서

위풍당당한 갓 쓴 미륵 ● 179

다양한 자태의 미륵 ● 191

운봉여원치마애여래좌상 명문 ● 196

보관화불과 연꽃 그리고 용화 ● 213

미륵이 짓는 수인의 가지가지 ● 223

왕건의 개태사 창건 발원문 ● 231

다시 하는 미륵경전 이야기

미륵하생경 ● 241

미륵대성불경 ● 247

서막 / 염부제의 미래 상황 / 계두말성 / 양거 전륜성왕 /

미륵의 출세 / 계두말성의 법문 / 기사굴산의 마하가섭 /

마무리

미륵신앙의 유형 ● 259

다시 미륵의 도상을 찾아서

거불의 수수께끼 ● 265

관촉사 사적비명 ● 269

중국의 낙산대불(樂山大佛) ● 272

소탑을 경배하는 미륵 ● 286

땅에서 솟아나는 미륵 ● 302

지장보살 이야기

무불시대의 구세주 ● 311

지장보살의 지심참회(至心懺悔) ● 316

삼장보살의 고장 ● 319

글을 마무리하며

미륵을 찾아가는 길 ● 328

참고문헌 ● 348

미륵의 나라

수기(授記) 이야기

사람은 누구나 불성을 지니고 있어 발원하고 수행만 하면 부처가 될 수는 있지만 부처가 되고 싶다고 아무나 부처가 되는 것은 아닙니다. 부처님으로부터 부처가 된다는 수기를 받아야 합니다. 수기(授記)란 범어로 vyākarana의 의역으로 아무개가 장차 부처가 되리라는 것을 예언 또는 보증한다는 뜻입니다. 기별(記別)이라고도 합니다. 영어로 말하면 prophecy, guarantee 또는 recognition과 같은 것입니다. 수기를 주는 쪽에서는 수기(授記)가 되고, 수기를 받는 쪽에서는 수기(受記)가 되겠습니다.

미륵은 석가모니불에게서 수기를 받았고, 석가모니불은 연등불로부터 수기를 받았으며, 연등불은 또 그 앞의 보계불로부터 수기를 받아 부처가 될 수 있었습니다. 불종성경(佛種姓經)이라는 경전에 의하면 석가모니불은 아득히 먼 옛날로부터 한 분의 부처님만이 아니라 연등불(燃燈佛)을 포함한 모두 스물네 분의 부처님으로부터 차례차례로 수기를 받아 부처가 되셨다고 합니다.

수기삼존(授記三尊)

'운산(雲山)에 용이 났다.' 는 상서로운 땅이름을 지닌
충남 서산시 운산면 용현리(雲山面 龍賢里)에는 서산마애
삼존불상이 자리 잡고 있습니다. 커다란 바위벽에 새김질한
넉넉한 웃음을 머금은 3구의 불상이 찾는 사람을 반깁니다.
서기 600년 경 백제시대에 만들어졌으므로 한국에서는 가
장 오래된 마애불상인 셈입니다.

'백제의 미소' 로 소문난 이 삼존상은 서 있는 입상의 본
존불을 중심으로 좌우에 반가사유상의 보살과 입상의 보살
을 배치한 희귀한 구도를 갖고 있습니다. 중앙의 여래입상
은 높이 2.8m로 연화대좌 위에 서서 시무외(施無畏)·여원
인(與願印)의 수인을 짓고 눈을 크게 떠서 인자하면서도 신
비로운 미소를 짓고 있습니다. 두광은 큼직한 보주형인데
활활 타오르는 듯한 불길 무늬가 인상적입니다. 좌협시보살
인 반가사유상(半跏思惟像)은 삼산관의 보관을 쓰고 미소
를 띠고 있는데 상반신을 벗은 채, 오른손은 턱에 대고 왼손
은 반가한 오른발의 발목 위에 놓고 왼발로 연화좌를 딛고
앉은 전형적인 반가사유의 자세를 취하고 있습니다. 우협시
보살인 보살입상은 역시 삼산관의 보관을 쓰고 서 있는데
두 손은 가슴 앞에서 여의주를 들고 있습니다. 이것은 불발

1 서산마애삼존불상
국보 제84호.
충남 서산시 운산면 용현리.

인(佛鉢印)이라는 수인으로 여겨집니다. 이 보살 역시 미소를 머금고 있습니다.

　언젠가 제가 이곳을 찾았을 때 산승이 장대에 전등을 매달고 삼존상을 상하 좌우로 비쳐주던 일이 생각납니다. 움직이는 전등을 따라 불상들의 미소가 시시각각 천태만상으로 변하면서 불상들이 금시에라도 뛰쳐나올 것만 같은 착각에 사로잡히기도 했습니다.

　이 삼존상에 대해서 어떤 이는 본존상의 우측에 있는 우협시보살을 관세음보살로 보는 등 사람에 따라 식별이 엇갈리고 있으나 일단 우협시보살을 제화갈라보살, 본존불은 석가여래, 좌협시보살은 미륵보살로 보고자 합니다. 제화갈라는 Dipaṅkara의 음사로서 한역하여 정광(定光, 錠光) 또는 연등(燃燈)이라 부르기도 합니다. 그렇게 본다면 이 삼존상은 과거 · 현재 · 미래를 나타내는 삼세불이요, 각기 후계자에게 수기한 수기삼존이라 할 수 있습니다. 제화갈라 즉 연등불은 석가모니불에게 수기하였고, 석가모니불은 미륵에게 수기하였던 것입니다.

　이제부터 세 분의 부처님의 수기 이야기를 하고자 합니다.

　수기 고사 중에서 가장 극적인 것이 석가모니불의 그것입니다. 그래서 미륵의 수기를 이야기하기 전에 먼저 석가모니불의 수기부터 살펴보기로 하겠습니다.

선혜의 꽃 공양

석가모니불이 전생(前生)에 연등불로부터 수기를 받는 이야기는 사분률(四分律) 권 제31 또는 과거현재인과경(過去現在因果經) 권 제1 등에 실려 있습니다. 이야기의 줄거리는 이렇습니다.

머나먼 과거세에 선혜(善慧)라는 바라문 청년이 연등불에게 바칠 연꽃을 구하지만 그 나라 왕이 이미 연꽃을 매점해버린 뒤라 구할 수가 없습니다. 그런데 어떤 아가씨가 연꽃 일곱 송이를 병 속에 감추고 있는 것을 보고 다섯 송이를 오백 냥을 주고 사고, 또 그녀로부터 두 송이를 부탁받아서 모두 일곱 송이를 연등불에게 바치고는 머리를 풀고 진땅에 엎드려 연등불이 밟고 지나가게 하여 수기를 받는다는 것입니다. '연등불 수기'로 유명한 이 석가모니불의 수기 고사를 한글 창제 이후에 나온 우리나라 최초의 산문 작품인 석보상절(釋譜詳節)에서 감상해 보고자 합니다.

보광불(普光佛, 즉 연등불)이 세상에 나시거늘 그때에 선혜(善慧)라고 하는 선인(仙人)이 오백 외도(外道)의 잘못 아는 사람을 가르쳐 고치시거늘 그 오백 사람이,

"제자가 되고 싶습니다."

고 하여 은돈을 한 닢씩 바쳤다.

그때 등조왕(燈照王)이 보광불을 청하여 공양하려고 하여 나라에 영을 내리되,

"좋은 꽃은 팔지 말고 다 왕께 가져오라."
고 했다.

선혜가 들으시고 측은히 여겨 꽃이 있는 곳을 애써 찾아 가시다가 구이(俱夷)를 만나시니, 꽃 일곱 줄기를 가지고 계시며, 왕의 명령을 두려워하여 병 속에 감추어 두셨더니, 선혜의 정성이 지극하시므로 병 속의 꽃이 솟아나거늘 따라가서 불러 그 꽃을 사고 싶다고 하시니까, 구이가 이르시되,

"대궐에 보내서 부처님께 바칠 꽃이어서 못 팔겠소."
라고 했다.

선혜가 이르시되,

"은돈 오백 닢으로 다섯 줄기를 사고 싶소."

구이가 묻자오시되,

"무엇에 쓰시겠소?"

선혜가 대답하시되,

"부처님께 바치겠소."

구이가 또 묻자오시되,

"부처님께 바쳐서 무엇 하려 하시오?"

선혜가 대답하시되,

"일체 종종 지혜를 이루어 중생을 제도코자 하오."

구이가 여기시되,

〈이 남자가 정성이 지극하므로 보배를 아끼지

아니하는구나.) 하여 이르시되,

"내가 이 꽃을 바칠 것이니, 원하는 바는 내 생생(生生)에 그대의 아내가 되고 싶소."

선혜가 대답하시되,

"내가 깨끗한 행적을 닦아서 일없는 도리를 구하니, 죽살이의 인연은 듣지 못하겠소."

구이가 이르시되,

"나의 원을 따르지 아니하면 꽃을 얻지 못하리라."

선혜가 이르시되,

"그러면 네 원을 따르리니, 나는 보시를 즐겨 사람의 뜻을 거스르지 아니하니, 아무 사람이거나 와 내 머릿박과 눈자위와 골수와 아내와 자식을 달라고 해도 너는 방해할 뜻을 가지고 나의 보시하는 마음을 헐지 말라."

구이가 이르시되,

"그대 말 같이 하리니, 나는 여자이기 때문에 가져가기가 어려우므로 두 줄기 꽃을 마저 맡기니, 부처님께 바쳐서 생생에 내 소원을 잃지 않게 하고 싶소."

그때 등조왕이 신하와 백성을 거느리고 가지가지 공양을 가지고 성에서 나와서 부처를 맞아 절하고 이름난 꽃을 뿌렸더라.

여느 사람이 공양을 마치니까, 선혜가 다섯 줄기 꽃을 뿌리시니, 다 공중에 머물러 꽃대(臺)가 되거늘 뒤에 두 줄기를 뿌리니 또 공중에 머물러 있어서 왕과 천룡팔부(天龍八部)가 칭찬하여,

"일찍이 없던 일이로다."

하더니 보광불이 찬탄하여 이르시되,

"좋다! 너는 아승기겁을 지나가서 부처가 되어 호를 석가모니라고 할 것이다."

수기를 다하시고 부처 가시는 땅이 질거늘 선혜가 입고 있으시던 녹비 옷을 벗어 땅에 깔고 머리카락을 펴 덮으시니까, 부처님이 밟고 지나시고 또 수기하시되,

"너는 후에 부처가 되어 오탁악세에 천인제도(天人濟度)함을 어렵게 하지 않음이 마땅히 나와 같으리라."고 했다.

(김영배 편역)

위의 글에서 외도(外道)란, 부처님 당시 불교의 교리를 믿지 않았던 사상 또는 무리를 말하는데 그 대표적인 여섯 교파를 흔히 육사외도(六師外道)라고 합니다. 천룡팔부는 부처님과 불법을 수호하는 무리들로서 하늘사람 또는 천인(天)·용(龍)·야차·건달바(비천 또는 향신)·아수라·가루라(금시조)·긴나라(노래신)·마후라가(이무기)를 가리킵니다.

아승기는 '헤아릴 수 없는', '무수한'이란 뜻을 가지며, 겁은 시간의 최대 단위를 의미합니다. 범어 asaṃkhya의 음사로서 '무수, 무량'의 뜻으로 영어의 incalculables에 해당합니다. 인도에서는 일, 십, 백, 천, 만, ……으로 헤아려서 60번째에 무수(無數)라는 이름의 숫자가 나옵니다. 그러므로 아승기는 1다음에 0을 59개 붙인 수 즉 10의 59승을 말합니다.

꽃 파는 구이라는 처녀가 나중에 석가모니불의 아내가 된

야소다라인 것은 말할 필요가 없을 것입니다. 머리를 풀고 진땅에 엎드려 연등불께서 밟고 지나가시게 한 일은 '포발엄니(布髮掩泥)' 로 알려져 있습니다만 석가모니불만 아니라 미륵을 포함한 여러 부처님들의 본생담에 공통적으로 나타나는 고사입니다.

서역의 투르판(吐魯番) 근처에 있는 베제클릭(栢孜克里) 석굴에서 발견된 벽화에도 이 고사가 그려져 있습니다. 서원도(誓願圖)라고 부르는 이 벽화는 독일의 실크로드 탐험가

2 베제클릭석굴의 포발엄니 서원도의 모사도

그륜웨델(A. Grünwedel)이 제9호 굴사(窟寺)에서 모사한 것입니다. 이 그림을 해독하자면 이렇게 됩니다.

즉 젊은 바라문(석가모니불의 전신, 보살)이 한 여자(석가모니불의 태자 시절 아내의 전신)로부터 꽃을 구하여(오른쪽 가운데), 연등불에게 바치고(왼쪽 아래), 성불의 서원을 세워 부처님이 가시는 진땅에 자신의 머리카락을 깔아(오른쪽 아래), 부처님께서 밟고 가시도록 청원합니다. 부처님은 그 머리카락을 밟고 가시면서 그 바라문이 미래세에 부처(석가모니불)가 되리라는 수기를 줍니다. 이런 이야기를 이 그림이 나타내고 있는 것입니다. 오른쪽 위에는 건물과 합장하고 있는 천녀가 보이고, 왼쪽 위에는 합장한 천녀와 집금강신이 보입니다. 한 사람의 세 가지 동작을 한 화면에 그려야 했기 때문에 바라문의 모습이 세 번 그려지게 된 것입니다.

이 연등불 수기의 꽃 공양 고사는 불교의 결혼 의식 속에도 고스란히 녹아 있는 것 같습니다. 몇 년 전에 저는 친구의 결혼식에 초청을 받아 양산 통도사에 간 적이 있습니다. 거기서 처음으로 불교식 혼례를 보게 되었는데 꽃을 올리는 헌화 차례가 되자 신랑은 다섯 줄기의 꽃을, 신부는 두 줄기의 꽃을 각각 부처님에게 바치는 것을 보면서 이 아름다운 꽃 공양 고사를 아련히 떠올려 보았던 일을 지금도 기억합니다.

성우의 등불공양

석가모니불에게 수기한 연등불은 자신이 비구로 있을 때 보계불(寶髻佛)에게 등명(燈明)을 공양하여 수기를 받았습니다. 이 이야기는 현우경(賢愚經)이나 증일아함(增壹阿含) 권 제38 등에 나와 있습니다. 현우경 빈녀난타품에 실려 있는 이야기는 다음과 같습니다.

아득한 옛날 두 아승기 아흔한 겁 전에 파새기(波塞奇)라는 큰 나라의 왕이 있었다. 그가 아들을 낳았는데 몸은 자주 금빛이요 32상 80종호를 갖추었으며 정수리에 보배가 저절로 솟아나 있었으므로 이름을 보계(보배상투)라고 하였다. 그는 장성하자 출가 학도(出家學道)하여 부처가 되었다.

그때 그 부왕은 부처님과 스님들을 청하여 석 달 동안 공양하게 되었는데 성우(聖友)라는 비구가 부처님에게 석 달 동안 등명을 공양하기 위하여 날마다 도성으로 들어가 등불의 재료를 구하러 다녔다. 그때 그 나라 공주 모니(牟尼)는 높은 다락에서 그 비구가 날마다 성안에 들어가 무엇을 구하는 것을 보고 존경심이 생겨 사람을 시켜 물어보게 했더니 그가 대답했다.

3 베제클릭 석굴의 등명 공양 서원도의 모사도.

"나는 지금 석 달 동안 등불을 공양할 시주(施主)를 구하고 있는 중입니다. 그래서 성안에 들어가 여러 현자들을 찾아다니면서 소유(蘇油) 등불 재료를 구하고 있습니다."

사자의 보고를 듣고 공주는 성우 비구에게 말을 전하게 했다.

"이제부터는 구걸하지 마시오. 내가 등을 만들 재료를 대겠소."

성우 비구는 날마다 주선하여 등불을 켜 공양하고 일체 중생을 두루 제도할 서원을 세워 지극한 정성을 바쳤다. 이에 보계불은 그에게 수기를 주셨다.

"너는 오는 세상 아승기겁 뒤에 부처가 되어 이름을 정광(錠光)이라 할 것이요, 열 가지 호를 완전히 갖출 것이다."

부처님은 공주 모니에게도 수기를 주시면서 말씀하셨다.

"너는 오는 세상 두 아승기 아흔한 겁 뒤에 부처가 되어 이름을 석가모니라 할 것이요, 열 가지 호를 완전히 갖출 것이다."

이에 공주 모니는 수기를 듣고 기쁨에 겨워 갑자기 남자의 몸으로 바뀌었다.

이 고사도 베제클릭 석굴의 벽화에 그려져 있습니다. 그림의 중앙에 보계불이 서 있고 오른쪽 아래에 비구(연등불 전신), 왼쪽 아래에 공주(석가모니불 전신)가 각각 등명을 공양하고 있습니다.

미륵의 나라

미륵의 수기(受記)

이제 드디어 미륵의 수기에 대해 이야기할 차례가 되었습니다. 관미륵보살상생도솔천경에 의하면 부처님은 사위국(舍衛國) 기수급고독원(祇樹給孤獨園)에 모인 대중들에게 미륵보살이 아뇩다라삼먁삼보리 즉 최상의 깨달음인 무상정등각을 이룬다는 수기를 말씀하면서 다음과 같이 예언했습니다.

"미륵은 지금부터 12년 뒤에 목숨을 마치면 반드시 도솔천에 왕생할 것이며 거기서 일생보처보살(一生補處菩薩)로 많은 하늘사람(天)을 제도하다가 염부제(閻浮提)의 햇수로 56억 만 년 뒤에 다시 염부제에 태어나서 석가모니불의 법통을 이을 것이다."

석가모니불이 미륵을 자기의 후계자로 점찍은 데는 미륵의 근기와 발심 등도 중요하지만 그가 여러 제자 중에서 말재주가 뛰어나고 또 허우대가 좋았던 것도 한 몫을 했던 듯합니다.

이것을 제1차 수기라고 한다면 제2차 수기는 보살처태경(菩薩處胎經)에서 찾을 수 있습니다.

"너는 다시 수기를 받을지니 너는 56억 7천만 년 후 이 나무(용화수) 아래에서 위없는 등정각(無上等正覺)을 이루리라. 나는 오른쪽 옆구리에서 태어났거니와 너 미륵은 정수리에서 태어나리라. 내 나이가 100살이라 한다면 미륵의 나이는 8만4천 세가 되리라. 내 국토가 흙이라면 네 국토는 금일 것이요, 내 국토가 괴로움이라면 네 국토는 즐거움이리라."

이어 석가모니불은 게송으로 읊습니다.

"너는 쾌락의 나라에 태어날 것이지만/ 나는 괴로움의 나라에 태어나고/ 너의 설법은 매우 쉬울 것이나/ 나의 설법은 매우 어려우리라."

제2차 수기에서 석가모니불은 미륵이 하생할 때의 사람의 수명이 100살에서 엄청 늘어난 8만4천 세가 되리라고 예언합니다. 그리고 미륵이 하생할 국토는 석가모니불이 태어난 괴로움에 시달리는 티끌세상이 아니라 즐거움이 넘치는 황금의 지상 낙원이라고 선언합니다. 설법도 미륵은 중생이 알아듣기 쉬울 것이지만 자기의 설법은 어려워 알아듣기 힘들 것이라고 덧붙여 말합니다.

만약 미륵의 수기 장면이 그다지 극적이지 못하다고 한다면 수기가 품고 있는 내용이야말로 오히려 매우 극적이라고 아니할 수 없습니다. 이 극적인 여러 요소는 이야기를 진행해 가면서 하나하나 살펴 나가기로 하겠습니다.

미륵의 생애

　　　　　미륵의 일생은 석가모니불의
일생을 그린 팔상도(八相圖)처럼 짜임새 있는
생애의 국면이 많지 않습니다. 미륵경전에는
기껏해야 도솔천에 왕생하여 천인들을 교화하
는 일, 6년의 고행도 없이 출가 당일로 성불하
는 일, 용화수 아래에서 세 차례 설법하는 일,
그리고 기사굴산의 선굴(禪窟)에서 마하가섭
을 만나는 일 정도밖에 알려져 있지 않습니다.
그러나 현우경 바바리품(波婆離品)에는 소위
미륵삼부경에는 없는, 미륵의 탄생에서부터
수기에 이르기까지의 설화와 미륵의 본생담이
실려 있습니다. 그 줄거리를 몇 개의 단락으로
나누어 소개합니다.

미륵의 탄생과 피신

부처님께서 왕사성(王舍城)의 영취산(靈鷲山; 또는 영축산)에 머물고 계시던 때의 일이다. 그때 바라나시국의 임금은 이름을 브라흐마닷타(波羅摩達)라고 했는데 그 왕의 재상이 아들을 낳았다. 그 아이는 32상을 갖추고 몸은 자주 금빛이며 모습이 빼어났으므로 재상이 관상쟁이를 불러 상을 보게 했다. 상쟁이는 그 아이가 인걸이 되리라고 예언하고 나서 물었다.

"아기를 가졌을 때 무슨 이상한 일이 없었습니까?"

"그 어미의 성질이 본디 선량한 편이 아니었는데 아기를 가진 뒤로는 어려운 사람을 불쌍히 여기고, 여러 사람에게 사랑을 베풀고, 평등한 마음으로 보살피게 되었소."

그 말을 듣자 상쟁이가 말했다.

"그것이 바로 아기의 뜻이니 그것으로 이름을 삼아 '마이트레야(미륵)' 라 하십시오."

그 아이의 뛰어난 이름은 온 나라 안에 퍼졌다. 이것을 들은 임금은 두려움을 품고 생각하였다.

〈이 아이의 명성이 드날리니 만일 실제로 높은 덕이 있다면 반드시 나의 임금 자리를 빼앗을 것이다. 커지기 전에 미리 화근을 없애 버려야겠다.〉

이리하여 임금은 재상에게 분부하여 그 아이를 보고 싶으니 꼭 데리고 오라고 했다. 그때 궁중의 사람들은 임금의 음모를 알고 모두 걱정을 했다.

재상은 위험을 느끼고 마침 아이의 외삼촌뻘 되는 바바리(波婆梨, Bāvari)가 파탈리푸트라국의 국사(國師)로 있다는 것을 상기하고 아이를 위해로부터 지키기 위하여 사람을 붙여서 바바리에게로 피신시켰다. 바바리는 총명하고 학식이 뛰어나 500명의 제자를 가르치고 있었다.

바바리는 미륵의 용모가 준수함을 보고 더욱 사랑하고 소중히 길렀다. 자라나 공부를 시켜 보니 다른 아이가 1년 걸릴 것을 하루 만에 배워버리니 1년이 되기도 전에 바라문의 경서를 모두 떼었다. 바바리는 생질의 공부 진도가 빠른 것을 보고 잔치를 베풀어서 그 이름을 드날리고자 하여 한 사람의 제자를 바라나시의 재상에게 보내 잔치의 비용을 청하기로 하였다. 심부름을 간 그 제자는 도중에 부처님의 덕행을 듣고 사모한 나머지 부처님을 뵈러 가다가 도달하기 전에 호랑이에게 잡아먹히고 말았다. 그는 그 착한 마음으로 말미암아 첫째 하늘인 사왕천(四王天)의 하늘사람(天, deva)으로 환생했다.

스승 바바리의 고민

바바리는 자력으로 재원을 마련하여 큰 잔치를 열어 바라문들을 모두 초청하여 대접하고 잔치가 끝난 뒤 한 사람 앞에 500냥씩을 선물로 주었다. 이렇게 보시를 하여 재산이 동났을 때 라우드락샤(勞度差)라는 바라문이 맨 마지막에 와서 말했다.

"나는 음식은 얻어먹지 못했지만 500냥만큼은 남들처럼 받아야겠소."

바바리가 다 주어 버리고 이제 더 줄 것이 없다고 답하자 라우드락샤가 저주했다.

"만일 끝내 거절하고 주지 않는다면 당신은 이레 뒤에 머리가 깨져서 일곱 조각이 날 줄 아시오."

이 말을 듣고 바바리는 속으로, 〈세상에는 모진 주문(呪文)이나 저주가 있어 가볍게 보아서는 안 되지만 재산을 다 써 버린 지금 갑자기 어떻게 할 방도가 없구나.〉 생각하고는 깊이 근심하고 두려워하였다.

그때 전날 천상에 태어나 하늘사람이 된 제자가 멀리서 그 모양을 보고 지상에 내려와 근심하는 이유를 물었다. 바바리가 사정을 이야기했더니 그 하늘사람이 말했다.

"그 라우드락샤란 자는 머리가 어떻게 된다는 따위는 모릅니다. 그는 어리석고 사악한 사람일 따름입니다. 그런 일을 잘 아시는 분은 위없는 법왕인 부처님뿐입니다. 특별히 귀의할 만한 어른이십니다."

바바리가 물었다.

"부처님이란 어떤 분인가?'

"부처님은 가비라(迦毘羅)국 정반왕(淨飯王)의 아들로 태어났는데 오른쪽 옆구리에서 태어나자마자 일곱 걸음을 걸으면서 하늘사람과 인간 중에서 제일 높다(天人尊)고 선언하셨습니다. 32상과 80종호를 갖추었으며, 빛이 천지를 비추고, 범천과 제석천이 모시어 받들었습니다. 관상쟁이가 보고 예언하기를, '집에 있으면 전륜성왕이 될 것이요, 출가하면 부처가 되리라.'고 했지만, 늙고 병들고 죽는 것을 보고는 임금의 자리를 마다하고, 궁성을 떠나 6년의 고행 끝에 보리수 아래에서 18억의 마군을 쳐부수고, 밤새워 불법을 두루 갖추게 되었습니다. 바라나시로 가시어 처음으로 법륜을 굴려 아약교진여 등 다섯 사람을 깨우치고, 또 마가다(摩竭)국에 가시어 울비라 · 사리불 · 목건련 등 1,250명의 비구를 만들어 교도로 삼았습니다. 그 분은 지금 라지기르(왕사성)의 영취산에 머물러 계십니다."

16제자의 원행과 출가

이 말을 듣고 바바리는 생각하였다.

〈부처님이 출현하신 게 틀림없다. 우리의 성전에도 적혀 있는 바와 같이 부첫별(佛星)이 아래에 나타나고 천지가 크게 진동하면 장차 성인이 나타나리라고 했는데 지금 그런 징조가 모두 나타났으니 바로 그것이 틀림없다.〉

그래서 미륵 등 16제자에게 명하여 부처님을 찾아뵙도록 하고 그들에게 이렇게 일렀다.

"고타마(瞿曇)를 만나거든 우선 그 상호를 살펴보고 모두 갖춰져 있거든 마음 속으로 우리 스승 바바리에게 몇 가지 상(특징)이 있느냐고 물어보아라. 내 몸에는 머리카락이 검푸르고, 혀가 넓고 길다는 두 가지 특징이 있다. 그것을 알거든 다음에는 내 나이를 물어보아라. 지금 내 나이는 120살이다. 다음에는 내 종성(種姓)을 물어보아라. 바라문이 나의 종성이다. 마지막으로 나의 제자의 수를 물어보아라. 현재 500명이 있다. 이 숫자만 알면 그는 부처님에 틀림없다. 너희들은 반드시 그의 제자가 될 것이니 그 중의 한 사람은 돌아와 소식을 전해야 한다."

그래서 미륵 등은 왕사성을 향하여 가다가 영취산에 이르러 부처님의 발자국에 천 살의 수레바퀴 무늬(千輻輪相)가 그림처럼 분명하였으므로 더욱 사모하는 마음이 생겼다. 그때 찰라(刹羅)라는 비구니가 죽은 벌레 한 마리를 가져다 부처님 발자국 위에 놓고 미륵 등에게 보이면서 말했다.

"벌레를 잡아 죽이는 사람이 무엇이 훌륭하단 말이오?"

자세히 보니 처음부터 죽은 벌레였으므로 누구의 제자냐고 물어보니 부처님의 제자라고 답하므로, 미륵 등은 〈부처님 제자 중에도 이런 사람이 있구나.〉 하고 수군거렸다.

이윽고 부처님 처소에 나아가 32상을 세 보니 두 상이 보이지 않았다. 부처님은 일부러 혀를 내밀어 얼굴을 덮어 보이시고, 또 신통력으로 음장(陰藏)을 내보이셨다. 그래서 미륵 등은 스승의 분부대로 마음 속으로 질문을 하니 부처님은 바바리의 두 가지 특징·나이·종성·제자의 수를 차례차례로 대답하셨다. 그 자리에 함께 있던 제자들이 부처님이 혼잣말을 하시는 것을 이상하게 여기니 부처님은 비구들에게 설명을 하셨다.

"파탈리푸트라국에 사는 바바리란 사람이 16제자를 보내 나의 상을 관찰하고 마음 속으로 질문을 하게 하기에 일일이 대답한 것이다."

미륵 등은 부처님의 대답이 하나같이 사실과 같았으므로 깊이 존경하고 우러르며 부처님 계신 곳에 나아가 머리를 조아려 예배하고 한쪽에 물러나 앉으니 부처님께서 설법을 해 주셨다. 그것을 들은 16인은 법안정(法眼淨)을 얻고 각자가 자리에서 일어나 출가를 청원하니 부처님께서, "잘 왔다."고 말씀하시자 수염과 머리카락이 저절로 떨어지고, 법의가 몸에 걸쳐져 사문이 되었다. 다시 부처님의 설법을 듣고 미륵을 제외한 15인은 그 자리에서 아라한이 되었다.

미륵 등은 서로 의논 끝에 16인 중에서 빈기기(賓祈奇)를 뽑아 바바리에게로 보내 보고토록 하였다. 빈기기는 바바리의 생질이었다.

빈기기가 바바리에게 돌아가 자초지종을 보고하니 바바리는 기쁜 마음이 솟아나 그 자리에서 길게 꿇어앉아 합장하고, 왕사성을 향하여 진심으로 빌었다.

〈성세(聖世)에 태어나서 성인을 만나기는 매우 어려운데 용안을 뵈옵고 교화를 받고 싶습니다만 나이가 늙어 다리의 힘도 없어, 가고 싶어도 갈 수가 없습니다. 세존께서는 큰 자비심으로 제 마음을 아시고 원컨대 왕림하여 주소서.〉

그때 부처님은 멀리서 그 마음을 아시고 팔을 굽혔다 펴는 사이에 그의 앞에 나타나셨으므로 바바리는 예배하고 기뻐하면서 모시어 받드니 부처님께서 설법을 해 주셨다. 이것을 듣고 바바리는 그 자리에서 욕계로 다시 돌아가지 않는 불환과(不還果)인 아나함(阿那含)이 되었다. 그리고 부처님은 영취산으로 돌아가셨다.

그 후 부처님은 아버지 정반왕의 초청으로 본국에 돌아가시어 날마다 설법을 하셨는데, 그 나라의 법에 남녀의 차별이 있어 여자들이 부처님의 설법을 듣지 못함을 원망하자, 부처님은 그때부터 남녀가 번갈아 법을 들을 수 있도록 제도를 고치셨다.

마하파자파티의 금란가사 보시

부처님은 가비라국의 니그로다(尼拘盧陀)동산에 계셨다. 그때 부처님의 이모 마하파자파티는 부처님이 출가하신 후 미리 한 벌의 금란가사를 손수 짜서 부처님 만날 날만 기다리고 있었다. 부처님을 만나자 기쁨에 사무쳐 이 가사를 부처님에게 바쳤다. 그러나 부처님은 말씀하셨다.

"이것은 승가(僧伽)에 헌납하는 것이 좋겠습니다."

파자파티는 거듭 말했다.

"이것은 진작 내가 정성껏 손수 짜서 부처님 오시기를 기다렸던 것이니 가엾이 여겨 받아 주소서."

부처님은 말씀하셨다.

"어머님이 정성을 다하여 내게 주려고 만드신 줄은 잘 알지만 은애(恩愛)의 정이 섞이면 보시의 공덕이 크지 못합니다. 승가에 기증하는 편이 그 갚음이 훨씬 더 클 것입니다."

　그리고는 부처님께서 보시의 뜻에 대하여 설법을 하시매
파자파티는 마음이 열려 그 가사를 갖고 승가에 기증하려고
차례로 권했으나 아무도 받으려고 하지 않았는데, 미륵 앞
에 이르자 미륵은 곧 이것을 받았다.

　위에서 '승가에 헌납' 하라는 것은 불교교단에 보시하라
는 말씀으로, 개인의 자격으로 신도의 보시를 받지 않고 교
단이라는 단체의 자격으로 보시를 받으려 한 부처님의 의지
를 엿볼 수 있습니다.
　한편 부처님의 이모 마하파자파티가 미륵에게 기증한다
는 금란가사 이야기는 중아함경(中阿含經)의 설본경(說本
經), 고래세시경(古來世時經) 등에서는 부처님이 미륵에게
수기를 하고 난 뒤, 아난이 보관하고 있던 금루직의(金縷織
衣)를 건네받아 몸소 미륵에게 준다고 되어 있습니다.

미륵의 설법에 취한 구슬장이

그 후 부처님은 비구승과 함께 바라나시로 가서 거기서 교화 활동을 하고 계셨다. 어느 날 미륵이 그 금란가사를 입으니 몸이 단정한데다 얼굴이 붉은 금빛이라 안팎이 잘 어울려 위의가 상서로웠다. 그가 바라나시성에 들어가 동냥을 하려고 큰길 위에서 발우를 들고 서 있었는데 사람들은 그 멋진 모습에 매료되어 넋을 잃은 나머지 아무도 음식을 시주할 생각을 하지 못했다.

때마침 그곳을 지나가던 구슬장이가 미륵의 모습을 보고 흠모한 나머지 그를 모시고 자기 집으로 돌아가 음식을 대접했다. 공양이 끝나고 설법이 시작되자 미륵의 아름다운 말씨에 반하여 아무리 들어도 싫증을 내지 않았다.

그 무렵 어떤 큰 부자가 딸의 결혼식에 쓰려고 구슬 꿰기를 의뢰하여 다 되면 10만 냥을 지불하기로 약속을 한 바가 있었는데, 그때 사람을 시켜 보석을 찾으러 왔다. 구슬장이는 설법에 도취되어 있었으므로 나중에 꿰어 주겠다 하고 돌려보냈다. 두 번째도 돌려보내고, 세 번째는 현금을 갖고 찾으러 왔으나 그때까지도 설법에 빠져 일에 착수할 생각이 없었다. 그래서 사환은 구슬을 돌려받아서 다른 장인한테로 가고 말았다.

　미륵의 설법을 듣고 싫증을 모르는 구슬장이의 아내가 성을 내며 남편을 나무랐다.

　"조금만 수고하면 10만 냥을 벌어 살림에 보탬이 될 건데 사문의 번지레한 이야기만 듣다가 큰 재물을 놓쳤잖아요."

　남편은 이 말을 듣고 뉘우치는 생각이 들었다. 미륵은 그 기분을 알고,

　"함께 절에나 가보지 않겠는가?"

하고 권유하여 함께 절에 와서는 여러 비구들에게 물었다.

　"어떤 시주가 계율을 지키는 청정한 사문을 초대하여 공양해서 얻는 공덕과, 어떤 사람이 10만 냥을 버는 이익 중 어느 쪽이 크다고 생각하오?"

　교진여 · 사리불 · 목건련을 비롯한 많은 비구들이 각각 예를 들어가며 공양의 공덕이 크다는 것을 말했다. 그 중에서도 아나율은 자기의 전생담을 자세하게 이야기하며 공양의 공덕이 큼을 설명했다.

아나율의 보시 이야기

"머나먼 옛날 비바시(毘婆尸)라는 부처님이 열반에 드신 후 불법이 사라졌을 때 바라나시라는 대국에 큰 부자가 살았는데 그에게는 두 아들이 있었습니다. 아버지가 죽을 때 유언을 남겼습니다.

〈형제가 서로 힘을 합해서 살되 부디 따로 떨어져 살지 말라.〉

그 후 형제는 그 유언에도 불구하고 별거하여 살다가 둘 다 가난하게 되었습니다. 형은 세상이 싫어져서 집을 버리고 산에 들어가 수행하여 벽지불이 되었고, 동생은 섶나무를 팔아 피(稗)를 사서 처자의 끼니를 겨우 이어 갔습니다. 흉년이 든 해의 어느 날, 동생은 동냥하러 왔다가 빈손으로 돌아가는 벽지불을 집에 초청하여 피죽을 끓여 공양했습니다. 벽지불은 그 지성에 감동하여 말했습니다.

〈원대로 해 주겠으니 무엇이든 말해 보시오.〉

〈태어나는 세상마다 재물의 모자람이 없고 무엇이나 가지고 싶으면 뜻대로 되기를 원합니다.〉

그 후 동생은 나무를 하러 늪에 들어갔다가 토끼 한 마리를 잡았는데, 그것이 사람의 시체로 변하고 그 시체가 다시

황금 덩이로 변하는 행운을 얻어 그 것을 계기로 벼슬과 재물이 생겨 생활이 넉넉해졌을 뿐만 아니라, 그 후로 오랜 세월 동안 몇 번이고 환생해도 먹고 사는 일에 불편함이 없었습니다. 그 동생이 바로 이내 몸입니다. 그러므로 계를 지키는 청정한 비구를 청해다가 집에서 공양하여 얻는 이익은 저 네 천하의 보배보다 많다는 것을 알 수 있습니다.”

위의 아나율의 전생담은 자질구레하고 세세한 원문을 확 줄여 옮긴 것입니다.

아나율이 벽지불에게 밥을 나누어 준 공덕으로 복을 받아 부자로 풍족하게 살았다는 전생 이야기는 중아함경의 설본경에도 설해져 있습니다.

벽지불(辟支佛)은 Pratyekabuddha의 음사로서 연각(緣覺) 또는 독각(獨覺)이라고도 합니다. 벽지불은 부처님의 교화에 의하지 않고 홀로 인연의 사리를 관찰함으로써 깨침을 얻은 성자를 말합니다. 산림에 은둔하여 세상을 떠나 살면서 세상 사람들을 구제하지 않고 인연의 사리도 알리지 않고 죽는 독선자로 알려져 있습니다.

석가모니불의 미래세 이야기

이와 같이 비구들이 구슬장이를 위로하고 있을 때 부처님이 밖에서 들어오시다가 아나율의 이야기를 들으시고 말씀하셨다.

"너희 비구들은 과거 이야기를 했지만 나는 이제부터 미래 세상일을 말하겠다. 이 염부제는 어느새 토지가 평탄하고, 산과 내도 없어지고, 땅 위에는 천의와 같은 부드러운 풀이 자랄 것이다. 그때 인간의 수명은 8만4천 세가 되고, 키는 8길(丈)이며, 모습은 단정하고 아름다우며, 성질은 어질고, 십선(十善)을 갖추어 닦을 것이다.

그때 전륜성왕이 세상에 나타나고 이름을 샹카(勝伽)라 할 것이다. 또 그때 바라문의 가문에서 한 사내아이가 태어나서 이름을 마이트레야(미륵)라 하고, 몸은 자금색이요, 서른두 가지 상(相)을 두루 갖추고, 광명이 유별스레 밝으리라. 그는 출가 수행하여 최고의 깨달음을 이루어 널리 중생을 위하여 법의 수레바퀴를 굴릴 것이다. 그 첫째 법회에서 93억 인, 둘째 법회에서는 96억 인, 셋째 법회에서 99억 인을 각각 제도할 것이다. 이와 같이 세 번의 법회에서 제도를 받는 자는 모두 예외 없이 나의 유법(遺法)으로 복을 심는 중생들이니라. 혹은 불법승 삼보에 공양하거나, 혹은 출가와 재가를 막론하고 계율을 지키거나, 향을 사르고 등불을 켜서 예배하는 자들로서 이들은 모두 미륵의 세 법회에 참석하여 제도를 받게 될 것이다."

그때 미륵은 부처님의 이 말씀을 듣고 자리에서 일어나 길게 꿇어앉아 부처님께 사뢰었다.

"제가 그 미륵부처가 되기를 원합니다."

부처님이 말씀하셨다.

"네 말과 같이 너는 장래에 미륵부처가 되어 지금 말한 대로 사람들을 교화할 것이다."

또 그 회중에 아시다(阿侍多)라는 비구가 있어 부처님을 향하여 사뢰었다.

"저는 그 전륜성왕이 되기를 원합니다."

그러자 부처님이 나무라셨다.

"너는 그저 언제까지나 죽살이를 탐람하고 속세를 벗어날 생각은 않느냐?"

그때 그 회중의 모든 대중들은 부처님께서 미륵이 장래에 부처가 되리라는 수기를 주시되, 부처가 된 뒤에도 이름을 미륵이라 한다는 말씀을 듣고 모두 의아하게 여겨 그 까닭을 알고 싶었다. 그래서 아난존자가 일동을 대표하여 '미륵' 이라는 이름의 유래를 물었다. 그러자 부처님은 다음과 같은 이야기를 하셨다.

미륵의 전신 담마류지왕

머나먼 옛날 이 염부제에 대국의 왕이 있어 이름을 담마
류지(曇摩留支)라 하는데, 염부제를 통치하며 8만4천의 나
라, 6만의 산천, 80억의 촌락, 2만 명의 처첩과 1만 명의 대
신을 거느리고 있었다.

그 가운데 한 풍족한 소국이 있어 왕의 이름을 파새기(波
塞奇)라 하였다. 그때 불사불(弗沙佛)이 처음으로 세상에
나와 이 소국에서 중생을 교화하고 계셨다. 파새기왕은 신
하들을 거느리고 오로지 부처님과 비구승들을 공양하느라
고 대왕에게 가서 조회할 겨를이 없었고, 공물과 문안 편지
도 아주 끊었다.

담마류지왕은 소식이 없는 것을 이상히 여기고 사자를 보
내 반역할 뜻이 있는 게 아닌지를 알아보게 했다. 파새기왕
은 대왕의 문책을 받고 어찌할 바를 몰라 부처님에게 사정
을 사뢰니 부처님이 말씀하셨다.

"사실대로 말하라."

사자가 돌아가 대왕께 보고하자 대왕은 크게 화를 내고
신하들과 의논한 끝에 오만한 소국왕을 치기로 하였다.

대왕의 선발대가 가까이 오자 파새기왕은 두려워서 황급
히 부처님께 가서 사뢰었다. 부처님이 말씀하셨다.

"걱정할 것 없다. 그저 스스로 찾아가서 앞서 이른 대로 말하라."

파새기왕은 신하들을 데리고 국경으로 나아가 대왕을 만나 공경스럽게 인사를 올리자 대왕이 꾸짖었다.

"너는 무엇을 믿기에 법도를 어기고 조회하러 오지 않는가?"

파새기왕이 대답했다.

"부처님 세상은 만나기 어렵고, 부처님 만나 뵙기는 더더욱 어려운데 그 부처님이 요즘 우리나라에 오셔서 백성들을 교화해 주시기에 조석으로 받들어 모시느라고 틈이 없었습니다."

대왕은 거듭 꾸짖었다.

"공물을 끊은 이유는 무엇인가?"

파새기왕이 대답했다.

"부처님에게는 승가라는 제자들이 있습니다. 계행(戒行)이 청정하여 세상에서 복밭이라 부릅니다. 나라 안에 있는 모든 것을 긁어모아 공양하고 있으므로 대왕께 조공 바칠 여유가 없었습니다."

담마류지왕은 이 말을 듣고 부처라는 분을 만나고 나서 파새기왕의 죄를 물어도 늦지 않다 생각하고 뭇 신하를 거느리고 부처님 계신 곳으로 갔다.

이때 부처님은 대중에게 둘러싸여 각자 조용히 선정(禪定)에 들어 있었다. 어떤 비구가 자심삼매(慈心三昧)에 들어 금빛 광명을 놓고 있었는데 그것이 큰 불덩이와도 같았다.

담마류지 대왕이 멀리서 부처님을 바라보니 광명이 밝게 빛나는 것이 태양보다 나았고, 대중에게 둘러싸인 품은 별 가운데 달과도 같았다. 대왕은 부처님에게 예배하고 법답게 문안한 뒤에 물었다.

"이 비구는 어떤 선정에 들어 있기에 이렇게 빛나는 것입니까?"

부처님이 대왕에게 말씀하셨다.

"이 비구는 자심삼매에 들어 있다."

대왕은 이 말을 듣고 흠모하는 마음이 갑절이나 깊어져, 〈나도 이 거룩한 자심삼매를 배우고 닦으리라.〉는 원을 세웠다. 이 원을 세우자마자 금세 마음이 부드러워지고, 사람을 해칠 마음이 사라졌다. 그래서 부처님과 비구들을 자기 나라로 초대하니 부처님께서는 이를 수락하셨다.

이 말을 들은 파새기왕은 부처님께서 대국으로 가시는 일을 유감으로 여기고 마음 속으로 생각하였다.

〈내가 만일 대왕이었다면 부처님은 항상 우리나라에 계실 터인데 내가 소국의 왕이기 때문에 마음대로 할 수가 없구나.〉

이렇게 생각한 파새기왕은 부처님에게 물어본 결과 왕 중에서 최고의 왕은 전륜성왕임을 알고, 부처님과 스님들을 공양한 공덕으로 내세에 전륜성왕으로 환생할 것을 서원하였다.

부처님은 이야기를 마치시면서 말씀하셨다.

"그때의 담마류지 대왕은 지금의 미륵이다. 그는 저 세상에서 처음으로 자심(慈心)을 일으킨 이래 몇 번이나 환생하였지만 줄곧 미륵이라 이름 하였다. 또 그때의 파새기왕은 지금의 제타 태자이다."

부처님의 이 설법을 듣고 관주장이는 곧 위없는 바르고 참된 도심(無上正眞道意)을 일으켰고 나머지 대중들도 모두 기뻐하며 가르침을 받들어 행하였다.

미륵을 찾아 나선다는 것은 기대와 가슴 설렘이 있는 여행입니다.

미륵의 나라

미리 찾아보는 돌미륵

이쯤에서 전국 방방곡곡에 산재한 돌미륵을 미리 찾아가 보고자 합니다. 도상에 대한 본격적인 토의에 들어가기 전이니까 예비 답사랄까 예비 감상인 셈입니다. 돌미륵은 절간에도 많이 있지만 노천에 더 많이 남아 있습니다.

미륵을 찾아 나선다는 것은 기대와 가슴 설렘이 있는 여행입니다. 주소 하나만 갖고 산허리와 벌판을 헤매야 하니 탐험가나 고고학자의 행각과도 같은 것입니다. 길을 잃어 망연자실하기도 하고, 우연히 저 멀리 미륵의 갓이나 얼굴이 보일 때에는 기뻐서 날뛰기도 합니다. 미륵을 만나러 가는 길은 낯선 사람을 만나러 가는 길과 같습니다.

다행히도 부처님에게는 32상과 80종호라는 큰 상과 작은 특징이 있어 미리 그 인상을 그려 볼 수는 있습니다. 만나본 첫 인상은 보통 감탄 아니면 실망 그것도 아니면 그저 덤덤할 뿐입니다. 실망이라고 했지만 사실 그것은 볼 줄 아는 사람과 그렇지 못한 사람에 따라 달라질 수 있는 느낌입니다.

　　전체적으로 볼 때 우리나라 돌미륵의 생김새는, 절대로 다 그렇다는 얘기는 아니지만, 못생기고 균형이 안 맞고, 속되고 일그러진 것이 많다고 할 수 있습니다. 잘 나고 흠잡을 데 없는 것은 물론 아름답습니다. 그러나 서툴고 속된 것도 아름다울 수 있습니다. 저는 이러한 미륵의 어설프고 어수룩한 아름다움을 '졸속(拙俗)의 미'라고 부르고 싶습니다. 그것은 어쩌면 우리들 자신의 내면이 투영된 모습이 아닐까요? 그것은 내가 욕심에 사로잡혀 있는 못난 사람이라는 현실을 일깨워 주는 모습입니다. 사람은 누구나 완벽하지 못합니다. 어느 한 구석이 부족하거나 삐뚤어져 있습니다. 그 결점과 불균형을 고치기 위하여 우리는 평생을 두고 수양을 쌓고 있는지도 모릅니다.

　　찾아가는 미륵마다 간단한 설명을 붙일 터이지만 거기에 신경을 쓸 필요는 없습니다. 그냥 돌미륵을 즐겁게 감상만 하면 됩니다.

갓 쓴 미륵의 매력

경남 거창에 있는 양평동석조여래입상은 엄청 큰 원형 갓을 쓰고 있습니다. 머리는 나발이며 법의는 통견으로 입고 연화대좌 위에 서 있습니다. 오른손은 밑으로 내려서 법의의 옷자락을 잡았고, 왼손은 가슴까지 올려 내장(內掌)한 채 집게손가락만 펴고 나머지는 구부렸습니다. 손을 밑으로 늘어뜨리고 옷자락을 잡는 맵시 있는 자태는 그 예가 많습니다.

경기 이천에 있는 어석리석불입상은 석불의 몸체가 정강이 부근에서 두 동강이 났으나 팔각 갓을 쓴 얼굴 모습이 얼핏 보면 충주미륵사지석불을 방불케 하는 데 뭉뚝한 코에 두 귀가 옆으로 벌어졌습니다. 두 손은 통식의 시무외인(우수)과 여원인(좌수)를 짓고 있습니다. U자형 옷주름의 시발점이 거꾸로 된 옴(Ω)자 모양을 하고 있는 것도 흥미롭습니다.

이 불상이 있는 어석리(於石里)라는 땅이름도 흥미롭습니다. 울산의 마애삼존상이 있는 곳도 어물리(於勿里)입니다. 이 석불은 마을 한복판에 있습니다. 미륵당과 마주보는 곳에 소 외양간이 있어 우리가 도착하자 미끈하게 잘 생긴 송아지 여남은 마리가 일제히 호기심 가득 찬 눈으로 우리를 보고 술렁거렸습니다. 저는 그 귀엽고 아름다운 눈매를

▲ 4
거창양평동석조여래입상
보물 제377호. 상고 2.75m.
9세기 무렵.
경남 거창군 거창읍 양평리.

◀ 5
이천어석리석불입상
경기도유형문화재 제107호.
상고 4m. 고려시대.
경기도 이천시 장호원읍 어석리.

▲ 6
아산송암사석조보살입상
비지정. 현상고 2.85m.
고려시대.
충남 아산시 송암면 외암1리
송암사(松岩寺).

▶ 7
연산송불암미륵불
충청남도문화재자료 제83호.
상고 4.15m. 고려시대.
충남 논산시 연산면 연산리
송불암(松佛庵).

보고 순간적으로 부처님의 32길상 중의 하
나인 우안첩상(牛眼睫相)이란 상을 떠올렸
습니다. 우안첩상이란 눈동자가 감청색이고
속눈썹이 암소의 그것과 같다는 말입니다.

　충남 아산에 있는 송암사석불입상은 높다
란 머리 위에 2단의 방형 천개를 이고 있습
니다. 하체의 일부가 땅에 묻혀 있으며, 통견
의 법의를 입었고 수인은 변형 시무외·여
원인을 지었는데 각각 가운뎃손가락과 약손
가락을 구부렸습니다. 치마바지의 띠 매듭
이 보입니다.

충남 논산에 있는 연산송불암미륵불은 속칭 '송불암미륵불' 또는 '제문석불' 이라고 부르는데 원래 임진왜란 때 없어진 석불사에서 모시던 미륵입니다. 수령 250년이 넘는 노송 가지가 미륵불을 뒤덮다시피 늘어져 있어 송불암이라 부릅니다. 머리에 조그만 방형 갓을 쓰고 통견의 법의를 입고, 오른손은 아래로 내려 옷자락을 잡았고 왼손은 오른쪽 가슴에 대고 내장한 채 엄지와 집게손가락을 구부렸습니다.

경기도 포천에 있는 구읍리석조보살입상은 들판에 외따로 서 있는 2층집 용화사(龍華寺)에 모셔져 있습니다. 빛깔좋은 화강석 일석으로 조성한 맑은 인상의 웅대한 미륵이 한 방 가득히 서 있습니다. 보관에 화불(化佛)이 새겨져 있습니다. 백호와 삼도가 뚜렷하고 통견으로 입은 법의는 두꺼운 편입니다. 목걸이가 示자형을 이루고 있어 이채롭습니다. 수인은 전법륜인의 변형으로 보입니다.

전설에 따르면 신라 때 어느 날 갑자기 미륵불 한 쌍이 옥계천(玉溪川)

8
구읍리석조보살입상
향토유적 제6호.
상고 3.95m. 고려시대.
경기도 포천군 군내면
구읍리 용화사.

에서 솟아났는데, 1구가 망실되어 현재는 이 미륵만 남아 있으며 여(女)미륵이라고 합니다. 다른 구전에 따르면 명성황후 민씨(1851~1895)가 이 미륵에게 3년간 치성을 드렸다고도 합니다.

충남 홍성에 있는 신경리마애석불은 용봉사를 지나서 용봉산 중턱에 있습니다. 일명 '노각시 바위'라고 부르는 자연 바위에 주형(舟形) 감실을 파고 거기에 불상을 돋을새김했습니다. 민머리에 통견의 법의를 입고 타원형 연꽃대좌 위에 서 있습니다. 광배에는 아무런 장식이 없고 감실 위에 따로 올려놓은 방형 갓 밑에 연꽃이 새겨져 있는 것이 색다릅니다. 수인은 오른손을 아래로 내려서 몸 옆에 붙이고 왼손은 들어서 시무외인(施無畏印)을 지었습니다.

9
홍성신경리마애석불
보물 제355호.
상고 4m. 나말여초.
충남 홍성군 홍북면
신경리 용봉산.

10
부안용화사석불입상
비지정.
상고 4.24m.
고려시대로 추정.
전북 부안군 행안면
송정리 용화사.

　전북 부안에 있는 용화사석불입상은 용화사 경내로 들어
가 벌집 같이 생긴 6층석탑을 지나서 절의 가장 안쪽에 자
리 잡고 있습니다. 상호가 우람하여 이국적인 냄새를 풍깁
니다. 살구 씨 같은 큰 눈이 그렇고 후보(後補)했다고는 하
지만 뭉뚝한 코와 길게 늘어진 귀가 그렇습니다. 신체에 비
해 적을 성싶은 둥근 갓을 썼으며 큰 눈을 뜨고 입가에는 약
간의 미소를 띠고 있습니다. 두 손을 소매 속에 넣고 읍하는
자세를 취했습니다.

졸속(拙俗)의 아름다움

이 소제목은 편의상 그렇게 붙인 것이지 소개된 불상이 꼭 그렇다는 것은 아닙니다.

충남 홍성에 있는 대교리석불입상은 현재 어린이 놀이터 한쪽 구석에 서 있습니다. 엷은 판석에 머리 부분만 돋을새김을 하고 나머지는 선각으로 처리한 이 불상은 이목구비와 턱의 생김새가 매우 토속적이고 해학적입니다. 머리에 관 같은 것을 썼는데 중앙에 보주가 양각되어 있고, 백호는 있으나 삼도가 없습니다.

11
홍성대교리석불입상
충청남도문화재자료 제160호.
상고 2.60m. 조선시대.
충남 홍성군 홍성읍 대교리 4구.

12
구미황상동마애여래입상
보물 제1122호.
상고 7.20m. 통일신라(10세기).
경북 구미시 황상동 금강선원.

경북 구미에 있는 황상동마애여래입상은 풍만한 얼
굴과 넓적다리 그리고 얼굴의 생김새가 풍염한 여인의
몸매를 연상시킵니다. 상고는 무려 7.20m. 민머리에 육
계가 솟았으며 법의는 통견 차림입니다.

두 손을 나란히 가슴 앞에 모아 내장했는데 두 손 모
두 엄지와 가운뎃손가락을 맞대었습니다. 옷주름은 내
려오다가 양다리로 갈라져서 각각 U자형을 이루고 있
습니다. 두 발의 방향이 밖을 향하고 있습니다.

13
금릉은기리마애반가보살상
경상북도유형문화재 제247호.
상고 2.90m. 고려 초기.
경북 김천시 어모면
은기2리 은석마을.

14
서산여미리석불입상
충청남도유형문화재 제132호.
상고 3m. 고려시대.
충남 서산시 운산면 여미리.

경북 김천에 있는 금릉은기리마애반가보살상은 동쪽을 향한 자연 바위에 양각한 마애반가상으로, 연화대좌 위에 앉아 오른발을 왼쪽 무릎 위에 얹고 왼발을 연화족대(足臺) 위에 얹었습니다. 삼산관을 쓴 얼굴은 사각형이며 편단우견의 두터운 천의를 걸쳤고 상의는 대좌를 덮어 상현좌(裳懸座)를 이루었습니다. 오른쪽 팔뚝에 팔찌가 보입니다. 수인이 특이합니다. 두 손을 가지런히 내려서 무릎 앞에 대고 오른손은 내장, 왼손은 외장(外掌)했습니다. 이것은 합장인(合掌印)의 변형입니다.

충남 서산에 있는 여미리 석불입상은 석주형 보살입상으로서 보관에 화불이 새겨져 있습니다. 삼도가 목걸이처럼 늘어져 있고 팔이 유난히 깁니다. 오른손은 아랫배에 대고 내장했고 왼손은 가슴까지 들어 외장했습니다.

경남 양산에 있는 용화사석조여래좌상은 물금면에서 유일한 고찰인 용화사에 모셔져 있는데 대좌와 광배를 완전한 상태로 갖춘 석불입니다. 석고 도색이 되어 있지만 야무진 얼굴과 당당한 어깨 그리고 양감 있는 신체 표현 등이 뛰어난 작품입니다. 머리는 나발이며 삼도가 뚜렷하고 상·중·하대를 갖춘 대좌 위에 결가부좌하고 있습니다. 수인은 항마촉지인(降魔觸地印)을 하고 있습니다.

이 돌부처는 외형으로 보아서는 석가모니불과 다를 바가 없습니다. 그러나 '용화사'라는 이름의 절은 미륵을 모신 절입니다. 용화라는 이름은 미륵이 염부제에 하생하여 용화

라는 보리수 아래에서 정각을 깨쳤기 때문에 거기에서 딴 이름입니다

광배는 지금은 내려놓았지만 두 겹의 띠로 두광과 신광을 표현하고, 광배 정상에 화불, 좌우에 비천상을 1구씩 새겼는데 광배에 비천상을 조각한 예는 그리 많지 않습니다. 대좌의 하대는 마루 밑에 묻혀 있고 팔각 중대석의 각 면에는 비천상과 보살상을 양각했습니다.

전설에 따르면 14세기 무렵 낙동강 건너 김해의 고암마을에 사는 한 농부가 강물에 떠올랐다 가라앉았다 하는 이상한 물체가 있어 건져보니 이 돌부

15
양산용화사석조여래상
보물 제491호.
상고 1.25m, 총고 2.45m.
통일신라시대.
경남 양산시 물금면 물금리
용화사.

처였다고 합니다.

용화사는 낙동강에서 불과 50m 밖에 떨어져 있지 않고, 거기에다 경부선 철도에 막혀 있어 조금은 답답하고 외로운 느낌이 드는 절입니다.

전남 나주에 있는 금성산심향사는 신라 때 원효 대사가 창건하여 미륵원이라고 했는데, 이 절의 미륵전에 신라 말 작품으로 보이는 석불좌상이 봉안되어 있습니다. 불상과 광배가 모두 화려하게 채색이 되어 있습니다. 통견의 법의를 입고 수인은 항마촉지인입니다.

전해 내려오는 이야기에 따르면 고려 현종(재위 1010~1031)이 거란의 제2차 침입시 나주까지 피란 와서 여드레를 이 절에 묵으면서 침략군을 물리칠 수 있도록 이 미륵불에 기도하였다고 하며, 또 이것이 인연이 되어 환궁 뒤에는 대장경의 조판(彫板)에 착수하게 되었다고 하는 유서 깊은 절입니다.

16
나주심향사석불좌상
비지정. 상고 1.50m.
전남 나주시 대호동
심향사(尋香寺).

심향(尋香)이란 절 이름은 불법을 수호하는 팔부중의 한 신장인 건달바에서 땄는데 이 신장은 제석천을 모시고 음악을 연주하는 신으로 술과 고기를 먹지 않고 오직 향기만 먹으므로 심향이라고 번역합니다.

전남 나주에 있는 철천리석불입상은 불신과 광배와 대좌를 한 돌로 조각한 입상입니다. 민머리에 육계가 크고 목에 삼도가 있고 법의는 통견으로 입었는데 인상이 근엄합니다. 두 손을 거의 같은 높이에 들어 오른손은 여원인(與願印), 왼손은 시무외인(施無畏印)을 지었습니다.

석불 앞에 원추형 바위가 하나 있는데 바위 표면에 삥 돌아가면서 일곱 부처를 새겼습니다. 나주철천리칠불석으로 불리는 이 칠불석의 네 부처는 입상이며 셋은 좌상인데, 재미있는 것은 입불상의 수인이 모두 오른손을 가슴에 대고 마치 국기에 대한 경례라도 하듯 우수내장(右手內掌)을 하고 있다는 점입니다.

충남 아산에 있는 평촌리석조약사여래입상은 용담사라는 절에서 모시고 있는 고려시대의 대표적인 장육불상(丈六佛像)으로, 오른손은 가슴 앞에서 약호를 들었고 왼손은 약호를 든 오른손을 떠받쳤는데 가운뎃손가락과 약손가락을 구부렸습니다. 그러므로 이 석불은 도상적으로는 약사여래입니다. 약사여래는 우리나라에서는 미륵의 화신으로 받아들이는 경향이 있어 보입니다.

◀ 17
나주철천리석불입상
보물 제642호.
상고 3.85m, 총고 5.38m.
고려시대(12세기) 추정.

▼ 17-1
나주철천리칠불석
보물 제461호.
전남 나주시 봉황면 철천리 미륵사.

18 아산평촌리약사여래입상
보물 제536호. 상고 6.70m. 고려 초기. 충남 아산시 송악면 평촌리 용담사(龍潭寺).

머리는 나발이며 통견의 법의를 입고 서 있는데 얼굴이
단아하고 법의의 옷주름이 아주 볼 만합니다. 기하학적인
좌우대칭 속에 자유분방한 멋을 살려 환상적인 아름다움을
자아내고 있습니다.

　'용담사(龍潭寺)'라는 절 이름은 '용이 사는 못'이란 뜻
으로 용화사와 같이 미륵을 모시는 절입니다.

미 리 찾 아 보 는 돌 미 륵

미륵은 인간정토의 건설을 염원하고 창도하는 미래불입니다.

미륵의 나라

미륵은 누구인가

미륵은 누구이며 한 마디로 표현한다면 어떻게 될까요?

여기에서, 어떻게 보면 결론과도 같은 이야기를 먼저 하고 넘어 가겠습니다. 또 그렇게 하는 것이 경전을 이해하는 밑거름이 될 수도 있기 때문입니다.

미륵에 관계되는 여러 경전에서 공통적으로 이야기하고 있는 것들을 모아서 넓은 뜻의 '미륵의 정의'를 내려 보면 다음과 같습니다.

〈미륵은 과거세에 보살도를 닦을 때 살기 좋은 인간정토의 건설을 염원하는 본원(本願)을 세운다. 미륵은 석가모니불의 제자로 있다가 장차 부처가 되리라는 수기(授記)를 받고, 석가모니불보다 먼저 입멸하여 도솔천에 왕생하여 지금 그 곳에서 천중들에게 법문을 설하고 있다. 그 후 56억 7천만 년 뒤 또는 사람의 수명이 8만4천 세가 될 때 미륵은 도솔천에서 염부제에 하강하여 바라나시국의 바라문의 집안에 태어난다. 그때 염부제는 전륜성왕이 나타나 세상을 정법(正法)으로 다스리고, 사람들이 모두 십선(十善)을 행하는 살기 좋고 깨끗한 지상 낙원이 되어 있다. 미륵은 출가한 그날 밤에 용화수 아래에서 정각을 깨쳐 부처가 되어 세 차례의 법회에서 석가모니불이 미처 제도하지 못한 무수한 중생을 제도한다. 그리고 미륵은 그때까지 기사굴산에서 선정을 닦고 있을 마하가섭을 찾아가 그로부터 석가모니불이 부촉한 가사를 건네받는다.〉

정의치고는 좀 장황하지만 꼭 해야 할 말을 넣다 보니 그렇게 되었습니다. 이제부터 위의 정의에 사용된 몇 개의 핵심 용어와 그 밖의 중요한 용어에 대하여 그 뜻하는 바를 살펴보고자 합니다.

본원(本願)의 뜻

본원이란 부처나 보살이 과거세에 성불하기 이전에 중생을 제도하기 위하여 세운 서원(誓願)을 말합니다. 근본이 되는 서원이기에 본원이라 한 것입니다. 보살이 보살도를 닦을 때 자기가 불도를 이루면 중생을 어떻게 제도하고, 정토는 어떤 모습을 갖춰야 하는가를 미리 서원하는 것입니다. 금세에 발원해서 금세에 성취하는 것이 아니라 무수한 과거세의 수행을 통하여 마지막으로 그 서원을 이룩하는 것입니다. 생사를 몇 번이나 거듭하느냐 하면 경전에 이런 말이 있습니다.

"5도를 두루 돌면서 한 몸이 죽으면 다시 한 몸을 받는 죽살이의 무량함은 비유를 들어서 말한다면 천하의 초목을 다 베어다가 산가지를 만들어 그 옛 몸뚱이를 센다 해도 다 셀 수 없을 것이다."

또 대반열반경 권14에 이런 말이 있습니다.

"비구들아, 마땅히 알아라. 나(석가모니불)는 과거세에 사슴이 되고 곰이 되고 노루가 되고 토끼가 되고 좁쌀임금이 되고 전륜성왕이 되고 용이 되고 금시조가 되는 등 여러 가지 몸을 받아 태어나서 보살도를 닦았느니라."

본원에는 총원과 별원의 두 가지가 있습니다. 총원(總願)은 모든 불보살에게 공통되는 서원으로서 사홍서원(四弘誓願)이 여기에 해당합니다.

중생이 수없지만 기어이 다 건지오리다
번뇌가 끝없지만 기어이 다 끊으오리다
법문이 한없지만 기어이 다 배우오리다
불도가 위없이 높지만 기어이 다 이루오리다

衆生無邊誓願度
煩惱無盡誓願斷
法門無量誓願學
佛道無上誓願成

실제로 이것은 "위로는 깨달음을 구하고 아래로는 중생을 교화한다(上求菩提, 下化衆生)."는 대승불교의 근본정신인 것입니다.

이에 비해 별원(別願)은 '하화중생', 즉 중생의 교화를 어떻게 할 것인가의 방법에 대한 특별한 서원을 말합니다. 국토와 중생을 어떻게 정화하느냐 하는 문제는 보살의 인연·성품·근기에 따라 각기 다를 것입니다. 별원의 예를 들면 보현보살의 십대원, 천수관음의 6원, 약사여래의 12원, 법장비구의 48원 등이 있습니다. 따라서 본원이라 할 때에는 보통 별원을 의미합니다.

미륵보살은 구도할 때 이런 본원을 세웠습니다.

〈내가 부처가 될 때에는 나라 안의 모든 백성이 모든 때와 더러움이 없고, 탐(貪)·진(瞋)·치(痴)도 그다지 심하지 않으며, 십선을 지성으로 받들어 행할 때 그제야 나는 무상정각을 취하리라.〉

이것은 중생의 제도보다는 정토의 건설을 우선시하는 염원이요 서원인 것입니다. 이로 볼 때 미륵은 인간정토(용화세계)의 건설을 염원하고 창도하는 미래불일 따름입니다. 말세에 임의로 강림하여 악정과 불의를 타파, 제거하고 새판을 짜는 소위 '구세주'가 아닌 것입니다.

과거불과 여래십호

석가모니불 이전의 과거에도 부처님이 계셨으리라는 생각은 초기불교 시대부터 이미 있어 왔습니다. 뿐만 아니라 석가모니불이 입멸하신 뒤에도 미륵불이 미래불로서 출현한다고 믿어 왔습니다. 가장 인기 있는 과거불의 수는 7불, 24불, 53불 그리고 1,000불입니다. 장아함경(長阿含經)의 대본경(大本經)에 나와 있는 '과거칠불'의 이름을 들어보면 1.비바시불 2.시기불 3.비사바불 4.구루손불 5.구나함불 6.가섭불 7.석가문불로 되어 있습니다. 여기서는 석가모니불도 과거칠불의 한 분으로 다뤄지고 있는 것입니다.

연등불은 과거불 중에서 매우 중요시된 부처님으로 보이며 석가모니불에게 수기를 주신 24분의 부처님 중 첫머리로 꼽히고 있습니다. 앞에서도 잠깐 언급한 팔리어 부다반사(Buddhavaṃsa, 佛種姓經)는 연등불 이하 석가모니불을 포함한 25불의 종성·인연·일대기를 적은 운문 형식의 경전인데, 그 중에서도 제2품은 연등불의 수기를 읊은 '수메다(Sumeda, 善慧)의 이야기'로 알려진 아름답고 신심이 솟아나는 감동적인 명편입니다.

경기도 안성의 칠장사 명적암(明寂菴) 부근에는 '오십삼불명호비(五十三佛名號碑)'라는 조그만 비석이 있는데, 석

단으로 나누어 53불의 이름을 '나무(南無) 아무개 불(佛)'로 적어 놓았습니다. 제작 연도가 옹정(雍正) 6년(서기 1728년)이라 그리 오래된 것은 아니지만 53불신앙의 한 단면을 보여 주는 귀중한 증거물입니다. 53불이란 무량수경(無量壽經)에서 설하는 과거불로서, 법장보살(후의 아미타불)의 은사인 세자재왕여래(世自在王如來) 이전의 정광여래(錠光如來)로부터 처세여래(處世如來)에 이르기까지의 53불을 말합니다.

과거 · 현재 · 미래의 3대겁(大劫) 가운데서 현재를 현겁(賢劫), 미래를 성수겁(星宿劫), 과거를 장엄겁(莊嚴劫)이라 합니다만 대승불교가 되면서 각 대겁마다 천불이 출현한다고 믿게 되었습니다. 현겁에 나오실 현겁천불은 현겁경을 비롯한 여러 경전에 다 같이 1.구루손불 2.구나함모니불 3.가섭불 4.석가모니불 5.미륵불…… 999.무욕락불 1,000.누지불로 적고 있으므로 현겁에서는 현재까지 천불 중 단지 네 분의 부처님밖에 출현하지 않은 셈이며, 미륵불은 다섯 번째 부처님이 됩니다.

우리가 부처님을 이야기할 때면 과거불이나 미래불이나를 막론하고 부처님의 칭호인 '여래십호(如來十號)'를 빼놓을 수 없습니다. 왜냐하면 그것은 단지 부처님의 명호나 칭호에만 그치는 것이 아니라 부처님의 덕 · 지혜 · 신력 등을 나타내고 있기 때문입니다. 아함경에서는 부처님을 칭할 때 여래십호의 전부 또는 반을 늘 하나의 정형구로서 즐겨 사용하고 있습니다.

여래십호란 1.응공(應供) 2.정변지(正徧知) 3.명행족(明行足) 4.선서(善逝) 5.세간해(世間解) 6.무상사(無上士) 7.조어장부(調御丈夫) 8.천인사(天人師) 9.불(佛) 10.세존(世尊)입니다.

첫째 응공은 아라한(阿羅漢)이라고도 하며 모든 번뇌를 여읜 사람, 한자의 번역어와 같이 공양을 받을 만한 사람이라는 뜻입니다. 당초에는 부처님뿐만 아니라 뛰어난 불제자도 응공이라 불렀습니다. 둘째 정변지 또는 등정각(等正覺)은 진리를 스스로 옳게 깨달은 사람이란 뜻입니다. 셋째 명행족은 지식과 행동을 갖춘 사람이란 뜻이고, 넷째 선서는 잘 간 사람, 행복한 사람이란 뜻이며, 다섯째 세간해는 세간의 일을 잘 아는 사람이라는 뜻입니다. 여섯째 무상사는 위 없는 사람이란 뜻이고, 일곱째 조어장부는 사람을 잘 길들이는 분이라는 뜻이며, 여덟째 천인사는 하늘사람과 인간의 스승이라는 뜻입니다.

'天(천)'이라 하면 보통 공간을 가리키는 말이지만 여기서 말하는 天(천)은 범어 deva로 '천인'이나 '천신' 또는 '하늘사람'을 가리킵니다. 영어로는 '신'이란 뜻의 gods로 번역됩니다. 그러나 이들 천인이나 하늘사람도 여러 하늘에 살며 인간보다는 약간 나은 존재로서 몸에 광명을 갖추고 자연의 쾌락을 누리고 살기는 하지만 영생하는 것은 아니며, 수명이 다하면 다시 육도의 환생을 겪어야 하는 유한한 존재입니다.

욕계와 색계에 속하는 '아무개 천(天)'이라고 하는 천신 또는 하늘사람은 한 사람을 가리키는 단수개념이 아니라 그 아내·자식·권속까지를 가리키는 복수 개념으로 파악해야 합니다.

아홉째 불(佛)은 깨친 사람(buddha, 부처) 즉 각자(覺者)
란 뜻입니다. 마지막의 세존은 범어 bhagavat로 존경하는 스
승이란 뜻입니다. 여래는 범어 tathagata인데 '이와 같이 수
행하고 향상한 사람', '완전한 인격자', '윤회를 해탈한 사
람'이란 뜻입니다. 이 여래를 맨 앞에 놓고 마지막에 불·세
존을 하나로 묶어서 부르는 여래십호도 있습니다.

미륵이라는 이름의 유래

미륵이란 범어 Maitreya(마이트레야)의 음사로 매달리야(妹怛哩耶) 또는 매달려(梅呾麗)라고도 씁니다. 마이트레야 즉 미륵을 의역하면 '자씨(慈氏)'가 됩니다. 원효 대사도 미륵을 풀이하여 말하기를 "미륵보살이란 '자비하신 깨달은 이(慈氏覺士)'라는 뜻이며 현겁천불 가운데 다섯 번째의 여래이다."라고 하였습니다.

미륵이라는 이름의 유래를 세 가지 방면에서 살펴보겠습니다. 첫째는 명명 과정입니다. 현우경의 미륵의 탄생 대목에서 보았듯이 원래 성품이 선량한 편이 못되었던 그의 어머니가 미륵을 잉태한 뒤로는 고통 받는 사람을 불쌍히 여기고, 여러 사람에게 사랑을 베풀며, 평등한 마음으로 보살피게 되었다는 말을 들은 관상쟁이가, 그것이 그 아이의 뜻일 터이니 이름을 '마이트레야' 즉 '미륵'이라 지으라고 했습니다. 즉 그 어머니가 사랑의 부처를 만나서 그 감화를 받았다는 얘기입니다. 중생을 사랑하고 기쁨을 주는 것을 '자(慈)'라 하고, 중생을 불쌍히 여기고 고통을 없애 주는 것을 '비(悲)'라고 합니다. 미륵이라는 이름에는 이러한 자와 비의 두 가지 뜻이 담겨 있습니다.

둘째, 미륵은 자심관(慈心觀)을 닦은 것으로 소문난 부처입니다. 자심관이란 선정의 상태에서 일체 중생의 가엾음을 관하고, 자비의 마음을 일으켜 중생으로 하여금 생사의 괴로운 바다를 벗어날 수 있도록 구제하는 것을 말합니다. 이것 역시 현우경에서 본 바와 같이 미륵의 본생담에서 유래합니다. 미륵의 전신인 담마류지라는 대국의 왕이 그 당시의 부처님인 불사불(弗沙佛)을 만나러 갔을 때의 일입니다. 부처님의 제자 한 사람이 자심삼매(慈心三昧)라는 선정에 들어 커다란 금빛 광명을 놓고 있는 거룩한 광경을 목격하고 감격하여, 〈나도 이와 같이 거룩한 자심삼매를 닦아 익히리라.〉는 서원을 세웁니다. 미륵은 그때부터 자심삼매를 골똘히 닦아 자심을 자기의 상성(常性)으로 만든 공덕으로 환생할 때마다 '자씨(慈氏)'라고 불렸고, 부처가 된 후에도 이렇게 부르게 되었습니다.

셋째, 미륵은 또 육식(肉食)을 하지 않는 자비의 부처로 알려져 있습니다. 미륵은 과거세에 〈차라리 골수가 깨지고 두뇌가 나오는 한이 있더라도 차마 중생을 육식할 수는 없다.〉고 서원을 세운 철저한 채식주의자입니다. 미륵이 육식을 하지 않는 인연을 밝힌 경전이 일체지광명선인자심인연불식육경(一切智光明仙人慈心因緣不食肉經)입니다. 이 경의 줄거리는 다음과 같습니다.

과거 한량없는 아승기겁에 승화부(勝華敷)라는 세계가 있었다. 그때 부처님의 이름은 미륵이었으며, 항상 자심사무량(慈心四無量)으로 일체를 교화하고 계셨는데 그 부처님이 설하신 경의 이름은 대자삼매광대비해운경(大慈三昧

光大悲海雲經)이었다. 그때 일체지광명(一切智光明)이라는
바라문이 있어 〈나는 대자삼매광대비해운경을 독송하여 그
공덕으로 미래세에 반드시 부처가 되어 이름을 미륵이라 하
리라.〉는 원을 세우고 산에 들어가 수도하였다. 그는 8천 년
동안 큰 욕심 없이 동냥으로 생활하며 오로지 이 경만을 한
마음으로 독송했다. 그때 나라에 연일 장마가 내려 강물이
불어나서 선인은 이레 동안 동냥을 할 수가 없어 굶어 죽게
되었다. 그때 숲 속에 토끼 500마리가 있었는데 토끼왕 모
자가 굶주린 선인을 보고 뭇 토끼에게 말했다.

  "나는 많은 겁 동안에 무수히 몸을 버려 삼독(三毒)의 죄로
새와 짐승의 몸을 타고 나서 헛된 죽살이를 거듭하면서 한 번
도 불법을 위해 한 일이 없었다. 이제 나는 일체 중생을 위한
큰 다리(橋)가 되어 불법이 오래 머물 수 있도록 이내 몸을 버
려 저 법사를 공양하고자 한다. 각자는 좋을 대로 하라."

  산신(山神)이 섶나무를 쌓아 불을 붙이자 토끼왕 모자는
선인(仙人)의 발 주위를 일곱 번 돌고 차례로 타는 장작불
속에 몸을 던졌다.

  그러자 산신이 선인을 보고 말했다.

  "토끼왕 모자가 공양하고자 불 속에 몸을 던졌습니다. 이
제 고기가 잘 익었으니 잡수셔도 됩니다."

  선인은 산신의 말을 듣고 슬퍼서 말을 못하고 게송(偈頌)
을 읊었다.

    차라리 골수가 깨지고
    두뇌가 나오는 한이 있더라도
    차마 중생을 육식할 수는 없네.

부처님 말씀대로 육식을 하는 이는
사랑의 실천이 부족한 것이니
늘 목숨이 짧고 병치레만 하며
죽살이 세상을 헤매다가
끝내 성불하지 못한다네.

그리고는 〈원컨대 대대로 남을 죽이려는 생각을 일으키지 않고, 항상 고기를 먹지 않기를 바랍니다. 흰 광명자삼매(白光明慈三昧)에 들어 나중에 성불하여 육식을 끊는 계(戒)를 만들 수 있게 해 주소서.〉라는 서원을 세우고 스스로 불구덩이에 뛰어들어 토끼와 명을 함께 했다. 이때 천지가 여섯 가지로 진동하고 금빛 광명이 일천 국토를 비추었다.

마지막으로 석가모니불은 대중들에게 말씀하신다.

"당시의 흰 토끼왕은 지금의 나이고, 아들 토끼는 지금의 라후라이며, 경을 독송하던 선인은 현재 대중 가운데 있는 바라문의 아들 미륵보살이다. 그는 내가 열반한 뒤 56억만 년 후에 양거 전륜성왕의 나라 안에 있는 화림원의 용화보리수 아래에서 도를 깨쳐 부처가 되어 미묘한 법륜을 굴릴 것이다."

위의 글에 나오는 자심사무량(慈心四無量)은 사무량심(四無量心) 또는 사범주(四梵柱)라고도 하며 선정 수행시 사용하는 관법의 대상으로, 자비를 줌에 한이 없는 자(慈), 중생의 고통을 없애 줌에 한이 없는 비(悲), 중생의 기쁨을 함께 즐거워 함에 한이 없는 희(喜), 차별상을 없애고 중생을 평등하게 이롭게 함에 한이 없는 사(捨) 등 남을 이롭게 하는 네 가지 광대한 마음을 가리킵니다.

미륵의 거주처, 도솔천

미륵이 왕생한 도솔천이란 어떤 천상 세계를 말하는 것일까요?

불교의 세계관에 의하면 세계의 한복판에 전설적인 수미산이 솟아 있고 그 중턱을 해와 달과 별이 돌고 있습니다. 수미산 주위는 일곱 개의 산맥이 동심원으로 둘러싸고 있고, 그 바깥에는 넓은 바다로 되어 있습니다. 바깥 바다의 가장자리에는 철위산이 있어 해수가 쏟아지지 않도록 막고 있습니다. 수미산의 북쪽에는 설산(雪山)이 있고, 그 동서남북 사방에는 대륙이 한 개씩 있습니다. 남쪽에 있는 것이 우리가 살고 있는 염부제로서 삼각형 모양을 하고 있고 인도가 여기에 속합니다. 북쪽에 있는 울단월(鬱單越)은 지복(至福)의 이상향으로서 그 곳 사람들은 아무 근심 걱정 없이 한가로운 나날을 보내고 있습니다. 동서의 두 대륙은 각각 불바제(弗婆提)와 구야니(瞿耶尼)라고 부르지만 이름뿐인 대륙입니다.

불교에서는 중생이 지은 업에 따라 윤회·환생하는 곳을 여섯 갈래로 나누어 이것을 육도(六道) 또는 육취(六趣)라고 합니다. 지옥·아귀·축생·인간·아수라·천인이 그것입니다.

6도에 대하여 보조국사 지눌 스님(1158~1210)은 이렇게 말합니다.

"슬프다! 중생이 왕래하는 여섯 갈래에서 귀신은 깊은 근심에 잠기는 괴로움이 있고, 새와 짐승은 잡힐까 걱정하고 도망가는 슬픔이 있으며, 아수라는 항상 성내고, 천인은 오직 즐길 뿐이다. 이 가운데 마음을 가다듬고 보리(菩提)로 나아갈 중생은 오직 인도(人道)뿐이로구나."

천인들이 사는 천계에는 여섯 단계의 하늘이 있습니다. 우선 밑에서부터 위로 올라가면서 수미산 허리께에 사천왕이 살고 있는 사왕천이 있고, 수미산 꼭대기에는 제석천을 우두머리로 하는 33인의 천신이 살고 있는 도리천, 일명 삼십삼천(三十三天)이 있습니다. 이 위로 차례로 올라가며 야마천, 도솔천, 화락천, 타화자재천이 있습니다. 이 타화자재천부터 밑으로 지옥까지를 욕계(欲界)라 하는데, 그 까닭에 이 여섯 하늘을 욕계6천(欲界六天)이라 부르는 것입니다. 이 위로는 범천계(梵天界)에 속하는 색계(色界) 사선(四禪)의 18천(天)과 무색계(無色界) 4처(處)가 있습니다만 이것들은 모두 선정(禪定) 수행의 깊이에 따라 해탈에 접근하는 경지를 매긴 등급에 불과합니다.

위와 같이 수미산을 중심으로 하여 해와 달과 별이 있고, 사대양과 사대륙이 있으며, 사왕천·도리천·욕계6천과 지옥이 있는 세계를 일소세계(一小世界)라고 부릅니다. 이 일소세계를 천 개 모으면 소천세계(小天世界)가 되고, 소천세계를 세 곱하면 삼천대천세계(三天大千世界)가 됩니다.

도솔천은 욕계6천 가운데 네 번째의 하늘로서 현재 미륵
보살이 머물고 있는 하늘입니다. 욕계란 모든 중생이 식욕
이나 성욕 같은 다섯 가지 욕망에 사로잡혀 있는 세계를 말
합니다. 욕망의 정도는 위로 올라갈수록 엷어지지만 그래도
도솔천이 인간과 같은 욕계에 속한다는 사실은 미륵의 상생
사상을 이해하는 데 중요합니다. 도솔천은 범어 Tushita의
음사로서 도솔타(兜率陀) 또는 도사다(都史多)라고 쓰기도
합니다. 의역을 하면 '지족(知足)' 즉 만족을 안다는 뜻이
되겠습니다.

욕망이 위로 올라갈수록 엷어진다고 했는데 구사론(俱舍
論)에 따라 성욕의 경우를 예로 들어보면 사왕천과 도리천
에서는 천신 또는 하늘사람들이 우리 인간처럼 교접을 하지
만 사정 대신 바람을 발사하고, 야마천에서는 포옹만 하고,
도솔천에서는 단지 악수만 해도 됩니다. 화락천에서는 서로
웃기만 해도 되고, 타화자재천에서는 서로 눈만 마주쳐도
성욕이 해결된다고 합니다.

원효 대사는 '지족' 의 뜻을 풀이하여 설명을 합니다.

"도솔타천은 번역하면 '만족함을 안다.' 는 뜻이며 욕계
의 여섯 하늘 가운데 네 번째 하늘을 가리킨다. 아래의 세
하늘은 욕정이 무거워 가라앉고, 위의 두 하늘은 마음이 들
떠서 방일하지만 이 네 번째 하늘은 욕정이 가볍고 방일한
마음이 적어서 가라앉지도 않고 들뜨지도 않으며, 번뇌의
티끌세상에서 방탕하지 않으므로 만족함을 안다고 이름을
붙인 것이다."

도솔천은 내원과 외원으로 나누어지는데 외원은 아직도 오욕이 남아 있어 일반 천인들이 관능적 쾌락에 탐닉하는 곳입니다. 내원은 49중의 보궁으로 일생보처보살(一生補處菩薩)이 머무르는 곳입니다. 일생보처보살이란 마지막으로 한 번만 더 사바세계에 태어났다가 부처가 되는 보살이란 뜻입니다. 다시 말하면 일생만 남겨 둔 부처의 후보자란 뜻입니다. 석가모니불도 보살로서는 마지막으로 이 곳에서 대기하시다가 지상으로 강생하셨습니다. 도솔천의 내원궁은 지금도 미륵보살이 천인들에게 불법을 설하고 있는 곳이므로 '도솔정토' 혹은 '미륵정토'라고도 부릅니다. 도솔정토는 '예토(穢土) 속의 정토'라고 부를 만큼 인간에게 가까운 정토입니다.

도솔천의 일주야는 인간의 400년에 상당하며 그 곳의 1년은 인간의 14만 4천 년과 맞먹습니다. 미륵은 그 곳에서 그 곳 수명인 4천 년을 살고 인간으로 하생하여 성불하게 됩니다. 그러니 인간의 햇수로 친다면 56억 7천만 년 후의 일입니다.

전륜성왕

初기 경전에서 '비행황제(飛行皇帝)'라고도 한역되었던 전륜성왕(轉輪聖王)은 범어 Cakravartin(차크라발틴)의 의역으로 '바퀴를 굴리는 왕'이라는 뜻입니다. 고대 인도 신화에서 하늘에서 받은 바퀴 보배(輪寶)를 굴려 온 천하를 정복한다고 믿어져 왔던 이상적인 제왕입니다. 바퀴는 일종의 무기였습니다. 끊임없는 전쟁의 소용돌이를 겪어온 민중들의 소망이 담긴 이러한 전륜성왕에 대한 인도인들의 믿음은 불교의 탄생과도 깊은 인연을 맺게 됩니다.

부처님과 전륜성왕은 마치 동전의 앞뒤와도 같이 한 짝을 이루며 불교경전에 등장하곤 합니다. 모든 미륵경전에서도 항상 미륵의 탄생과 거의 때를 같이하여 출현하는 이상적인 제왕이 전륜성왕입니다. 부처님과 전륜성왕의 관계는 부처님 전기를 보면 석가모니불이 탄생했을 때 아시타 선인이 아기를 보고, "이런 상호를 갖춘 이는 재가(속세)에 있으면 전륜성왕이 될 것이고, 출가하면 부처가 될 것이다."라고 말한 것이나, 대반열반경(大般涅槃經)에서 부처님이 자신의 장례절차—다비(茶毘)와 사리탑의 건립—를 전륜성왕의 예에 준해서 하라고 명령한 것을 보아도 알 수 있습니다.

전륜성왕은 32가지 대인상을 갖추고, 총명하고 슬기로우며, 정의의 법왕이 되어 네 가지 병마(兵馬)를 이끌고 사방의 천하를 평정하여 칠보(七寶)를 갖춥니다. 칠보란 금륜보(金輪寶)·백상보(白象寶)·감마보(紺馬寶)·여의주보(如意珠寶)·옥녀보(玉女寶)·거사보(居士寶)·주병보(主兵寶)를 말합니다.

전륜성왕은 1천 명의 아들을 두었는데 하나같이 용모가 단정하고 용감하여 어떠한 원적도 굴복시킬 수 있습니다. 그는 무력을 사용하지 않고 정의로써 대해의 둔치까지 이 대지를 정복하여 다스립니다.

금륜보는 칠보 중 으뜸가는 왕권의 상징으로서 금으로 만든 수레바퀴를 말합니다. 바퀴살이 1천 개나 되고, 보배로 꾸며져 광명이 해와 달보다 밝고, 왕이 아무 데나 가고 싶다고 하면 그 수레바퀴가 절로 굴러서 잠깐 사이에 천하를 다 도니 그 수레바퀴를 본 나라는 다 항복을 합니다.

백상보는 코끼리인데 빛이 희고 꼬리에 구슬이 꿰여 있고, 힘이 보통 코끼리 백 마리보다 더 세며, 여섯 개의 어금니를 가지고 있습니다. 감마보는 말로서 빛이 감청색이고 갈기에 구슬이 꿰여 있으며, 왕이 타면 하루 만에 다 돌고 오는데 조금도 피곤한 기색을 보이지 않습니다. 여의주보는 밤에 허공에 매달면 그 나라의 끝까지 낮과 같이 밝아집니다. 옥녀보는 옥 같은 여자로서 몸이 겨울엔 덥고 여름엔 차며, 입에서 청련화 향내가 나고 몸에서는 전단 향내가 나며, 머리카락의 길이가 몸과 나란하며, 키는 작지도 크지도 아니하고, 살이 찌지도 여위지도 않았습니다. 거사보는 곳간

19
전륜성왕과 칠보
1세기.
자가야페타 출토.
인도 마드라스박물관

을 주관하는 신하로서 왕이 보배를 얻고자 하면 그 신하가
손으로 땅을 가리키면 땅에서 칠보가 나고, 산을 가리키면
산에서 칠보가 나며, 물을 가리키면 물에서 칠보가 나고, 돌
을 가리키면 돌에서 칠보가 납니다. 주병보는 병마를 주관
하는 신하로서 왕이 코끼리부대 · 기마부대 · 전차부대 · 보
병 등 네 가지 병마를 얻고자 하면, 그 수가 천 명이든 만 명
이든 원하는 대로 잠깐 사이에 다 이루어 냅니다.

미륵의 길, 십선도(十善道)

미륵보살이 보살도를 닦을 때 세운 본원 중에, 〈내 나라 백성이 정성스레 십선을 행할 때 그때 나는 무상정각을 이룩하리라.〉는 지상 낙원의 조건이 들어 있습니다. 또 관미륵보살상생도솔천경에도, "이것이 도솔타천이라고 부르는 곳으로 십선을 닦은 이가 그 보응으로 태어나는 멋진 복자리이다.……누구든지 도솔타천에 왕생하기를 원하는 이는 하루 내지 이레 동안이라도 십선을 생각(念)하고 십선도를 행하여야 한다."고 적고 있습니다. 그러므로 미륵신앙의 핵심은 하생신앙이나 상생신앙을 막론하고 십선도를 행하는 데 있다고 할 수 있습니다.

최초의 한역 경전인 사십이장경(四十二章經)에는 이런 말이 있습니다.

"열 가지 일이 선도 되고, 열 가지 일이 악도 된다. 그 열 가지 일이 무엇인가? 즉 몸으로 짓는 세 가지 업과 입으로 짓는 네 가지 업과 마음으로 짓는 세 가지 업이다."

살생(殺生)·투도(偸盜)·사음(邪婬)은 몸으로 짓는 세 가지 업이요, 망어(妄語)·양설(兩舌)·악구(惡口)·기어(綺語)는 입으로 짓는 네 가지 업이요. 탐(貪)·진(瞋)·치(癡)는 마음으로 짓는 세 가지 업입니다.

대방광불화엄경(大方廣佛華嚴經) 십지품(十地品)에서는 보살이 화엄십지 중 둘째의 이구지(離垢地)에 들어가 받는 십선도의 과보를 이야기한 다음 이런 말을 하고 있습니다.

"십불선도(十不善道)를 행하면 지옥·축생·아귀에 태어나고, 십선도(十善道)를 행하면 인간이나 내지 유정천(有頂天)에 태어난다."

유정천이란 삼계의 맨 꼭대기에 있는 하늘 즉 무색계의 비상비비상처(非想非非想處)를 가리킵니다. 왜냐하면 욕계·색계·무색계의 3계를 유(有)라고도 하기 때문입니다. 따라서 십선도를 행하면 인간으로 태어나거나 아니면 무색계에서 가장 높은 하늘 즉 세상에서 가장 높은 하늘에 태어난다는 말입니다.

아래에 십선도를 먼저 열거하고 십불선도 즉 십악(十惡)을 범했을 때 받는 과보(果報)를 함께 싣습니다.

1. 산 목숨을 죽이지 않는다(不殺生).
   산 목숨을 죽인 죄로는 삼악도(지옥·축생·아귀)에 떨어지고, 다시 인간에 태어나더라도 명이 짧고, 병이 많은 과보를 받는다.
2. 주지 않는 것을 훔치지 않는다(不偸盜).
   주지 않는 것을 훔친 죄로는 삼악도에 떨어지고, 다시 인간에 태어나더라도 가난하고, 공동재산이므로 마음대로 할 수 없는 과보를 받는다.

3. 간음을 하지 않는다(不邪淫).

간음을 한 죄로는 삼악도에 떨어지고, 다시 인간에
태어나더라도 아내의 행실이 부정하고, 가족이 말
을 듣지 않는 과보를 받는다.

4. 거짓말을 하지 않는다(不妄語).

거짓말을 한 죄로는 삼악도에 떨어지고, 다시 인간
에 태어나더라도 비난을 많이 듣고, 남에게 속는 과
보를 받는다.

5. 이간질을 하지 않는다(不兩舌).

이간질을 한 죄로는 삼악도에 떨어지고, 다시 인간
에 태어나더라도 가족이 패악스럽고, 권속이 화목
하지 못한 과보를 받는다.

6. 악한 말을 하지 않는다(不惡口).

악한 말을 한 죄로는 삼악도에 떨어지고, 다시 인간
에 태어나더라도 항상 나쁜 소리를 듣고, 늘 말을
가지고 서로 송사로 다투는 과보를 받는다.

7. 아첨하는 말을 하지 않는다(不綺語).

아첨하는 말을 한 죄로는 삼악도에 떨어지고, 다시
인간에 태어나더라도 남들이 내 말을 곧이듣지 않
고, 말이 분명치 못한 과보를 받는다.

8. 탐욕을 부리지 않는다(不慳貪).

탐욕을 부린 죄로는 삼악도에 떨어지고, 다시 인간
에 태어나더라도 욕심이 많고, 만족할 줄을 모르는
과보를 받는다.

9. 성을 내지 않는다(不瞋恚).

　성을 낸 죄로는 삼악도에 떨어지고, 다시 인간에 태어나더라도 항상 남의 시비를 찾고, 항상 남에게 괴롭힘을 당하는 과보를 받는다.

10. 삿된 생각을 버린다(不邪見).

　삿된 생각을 가진 죄로는 삼악도에 떨어지고, 다시 인간에 태어나더라도 삿된 생각을 가진 집안에 태어나고, 마음이 아첨하고 비뚤어지는 과보를 받는다.

두 개의 미륵정토

미륵의 정토는 어느 정토와 달리 하나가 아니고 현재의 도솔정토와 미래의 인간정토 두 개로 구성되어 있습니다. 앞의 도솔천 항목에서 언급한 것처럼 도솔천은 내원과 외원으로 나뉘어 있는데, 내원은 미륵보살이 현재 설법하고 있는 도솔정토이며, 외원은 일반 천인(하늘사람)이 살고 있지만 아직도 오욕의 쾌락을 누리고 있는 곳입니다.

도솔천 내원의 상황에 대하여는 관미륵보살상생도솔천경(觀彌勒菩薩上生兜率天經)에 상세히 묘사되어 있습니다. 간추려 소개하면 다음과 같습니다.

미륵보살이 상생할 당시 뇌도발제라는 신이 미륵보살을 위한 선법당 짓기를 서원하자 이마에서 500억의 보주가 쏟아져 나와 마흔아홉 겹으로 된 멋있는 보궁이 된다. 범마니 보주로 이루어진 난간 사이로 9억의 천인과 500억의 천녀가 나타나 저마다 광명 속에서 연꽃과 악기를 들고 노래하고 춤을 추면서 십선도와 사홍서원을 연설한다.

도솔천의 모든 동산에는 8색의 유리 도랑이 있어 그 속을 팔미수(八味水)가 흐른다. 사대문 밖에 네 가지 꽃이 피고 꽃마다 스물네 명의 천녀가 화생하여 왼쪽 어깨에는 영락,

오른쪽 어깨에는 악기를 메고 보살의 6바라밀을 찬탄한다. 누구든지 도솔천에 왕생하는 사람은 이들 스물네 천녀의 시중을 받는다.

또 미륵보살이 앉을 칠보로 된 사자좌가 있는데 네 귀퉁이에서 연꽃이 피어나 장막을 장식하면, 시방(十方)의 범왕과 소범왕들은 제각기 범천의 묘한 보배를 가지고 와서 보배 방울과 보배 그물을 공양하고, 백천 천인과 천녀는 제각기 보배꽃을 자리 위에 깔며, 연꽃에서 화생한 500억 보녀는 손에 흰 불자를 들고 장막 안에 시립한다. 궁전의 네 귀퉁이에는 네 개의 기둥이 있어 기둥마다 백천 누각이 있고 누각 사이에서 백천 천녀가 손에 악기를 들고 고(苦)·공(空)·무상(無常)·무아(無我)·6바라밀을 연설한다. 미륵보살은 32상과 80종호를 모두 갖추고 마니전의 사자좌에서 보석으로 꾸민 천관을 쓰고 여러 천인과 더불어 각각 꽃자리에 앉아 주야 6시로 항상 불퇴전지(不退轉地)의 법륜행을 설한다.

도솔천에 왕생하는 사람은 연꽃 위에 결가부좌하고 앉으면 미륵보살은 그의 숙세의 인연에 따라 묘법을 설하여 그가 무상도심에서 물러나지 않는 견고한 마음을 갖게 하고, 장차 미륵을 따라 염부제에 하생하여 맨 먼저 법문을 들으며, 미래세에 현겁천불을 다 만나고, 성수겁에서도 천불을 만나며, 부처님 앞에서 보리를 성취한다는 수기를 받는다.

미래의 인간정토란 장차 미륵보살이 하생할 사바세계를 말합니다. 다시 인용합니다만 미륵보살은 본원을 세우기를,

〈내가 부처가 될 때에는 내 나라 백성은 온갖 때와 더러움이 없고, 탐·진·치가 두텁지 않고, 십선을 정성스레 행하리라. 나는 그제야 무상의 정각을 이룩하리라.〉고 했습니다. 그러니까 미륵이 하생할 사바세계는 지금과 같은 혼탁하고 악에 찬 세계가 아니라 오랜 세월에 걸쳐 정화되고 개조된 지상 낙원을 말하는 것입니다. 그 세계는 미륵이 용화보리수 아래에서 성불할 국토이므로 '용화세계'라고 부르기도 합니다.

그러면 미륵과 전륜성왕이 출현할 때의 인간정토의 모습은 어떤 것일까요?

그 소박한 옆얼굴은 이미 현우경에서 드러낸 바 있습니다. 여기에서는 그 인간정토의 또 하나의 원시적인 옆모습을 장아함경(長阿含經)의 전륜성왕수행경(轉輪聖王修行經)에서 찾아보기로 하겠습니다.

사람의 수명이 8만 세가 되었을 때 여자는 나이 500세가 되어야 비로소 시집을 간다. 그때 사람들에게는 아홉 가지 병이 있다. 하나는 추위요, 둘은 더위요, 셋은 배고픔이요, 넷은 목마름이요, 다섯은 대변이요, 여섯은 소변이요, 일곱은 욕심이요, 여덟은 도철(饕餮)이요, 아홉은 늙음이다. 그때 대지는 평탄하고, 도랑이나 언덕, 폐허, 가시덤불 등이 없고, 모기, 하루살이, 뱀, 독충 등도 없으며, 기와나 돌, 모래와 자갈은 변하여 유리가 된다. 인민이 치성하고 오곡이 풍족하며 풍락(豊樂)이 그지없다. 그때 이미 8만의 대도성을 일으키고 마을과 도시는 잇닿아서 닭 우는 소리가 들릴

정도이다. 그때 미륵여래라는 이름의 부처가 출세하여 십호
를 구족한다. 또 그때 양가라는 이름의 전륜성왕이 있어 동
서남북의 네 천하를 정법으로 다스린다.

미륵의 하생 시기

미륵의 하생 시기에 대하여 미륵 관계 경전이 쓰고 있는 표현에는 두 가지가 있습니다. 하나는 대체로 56억7천만 년 또는 56억만 년이라는 햇수로 표현하는 것이요, 다른 하나는 대체로 8만4천 세 또는 8만 세라는 사람의 수명으로 표현하는 것입니다.

56억7천만 년의 산출 근거는 도솔천의 하루를 인간 세계의 400년에 해당한다고 보고, 하생 이전에 미륵이 도솔천에 머무르는 기간을 4천 년으로 잡은 것입니다. 1년을 365일로 해서 계산하면 5억7천6백만 년이 됩니다. 편의상 단위를 10배하면 57억6천만 년이라는 근사치가 나옵니다.

불교에서는 인간의 수명이 최고 8만4천 세부터 최하 10세 사이를 오르내리는 것으로 보았습니다. 그래서 8만4천 세부터 시작해서 백 년마다 한 살씩 짧아졌다가 결국에는 최하인 열 살까지 내려가고, 거기서 다시 반전하여 백 년마다 한 살씩 늘어나 다시 8만4천 세로 돌아옵니다. 수명이 짧아지는 기간을 감겁(減劫)이라 하고, 수명이 다시 늘어나는 기간을 증겁(增劫)이라고 합니다.

사람의 수명은 그 시대의 삶의 질인 복락(福樂)을 나타내는 지표 구실을 하지만 그것은 또한 십선의 실천에 정비례

하는 것입니다.

장아함경의 전륜성왕수행경을 보면, 전륜성왕이 정법으로 다스릴 때에는 세상이 태평하고 번창했으나 일곱 번째 왕이 구법을 따르지 않고 제멋대로 하면서 국토가 줄어들고 가난이 시작되었습니다. 그때부터 사람들은 십악을 저지르게 되었고 세상이 험악해져서 당시 4만 세였던 수명이 점점 줄어들어 지금의 백 살이 되었다고 합니다. 석가모니불은 사람의 수명이 백 살일 때 세상에 출현하셨습니다. 그로부터 더 줄어들어 10세가 되면 죄악과 빈곤이 극에 달하지만, 사람들이 뉘우쳐서 십선을 닦기 시작하면서 다시 20세, 40세, 80세……로 늘어나 드디어 8만 세가 되고 그때 미륵이 출현한다고 합니다.

불교의 세계관에 의하면 이 세계는 영원히 계속되는 것이 아니고 생물처럼 언젠가는 사라진다는 것입니다. 그것을 성(成) · 주(住) · 괴(壞) · 공(空)의 사겁설(四劫說)이라고 합니다. 즉 생성 · 존속 · 괴멸 · 공무의 사이클을 되풀이한다는 것입니다. 이 네 시기는 각각 20겁이라는 엄청 긴 시간으로 이루어져 있는데 각 겁의 말기에는 도병(刀兵) · 질병 · 기근이라는 재앙(小三災)이 번갈아 일어납니다.

여기에서 잠깐 겁(劫)에 대한 이야기를 하고 넘어 가겠습니다. 겁은 범어 kalpa의 음역으로 시간의 최대 단위입니다. 겁이란 대개 한 세계가 생겼다가 없어지는 기간이라고 이해하면 됩니다. 겁의 길이를 설명할 때 보통 비유로써 합니다만 여기에서도 비유 하나를 소개하겠습니다. 여기에 엄청 크고 단단한 바위가 하나 있다고 합시다. 모양은 입방체이며 한 변의 길이가 1유순(약 7km)이라고 가정합시다. 거기에 하늘에서 천녀가 백 년에 한 번씩 내려와서 그 가볍디가벼운 천의로 바위를 스친다고 상상해 봅시다. 이렇게 백 년에 한 번씩 바위를 스쳐서 그 것이 다 닳아 없어질 때까지의 기간을 겁이라고 합니다. 정신이 아찔해지는 긴 시간입니다. 이것을 반석겁(盤石劫) 또는 불석겁(拂石劫)이라고 합니다. 겁에는 소겁·중겁·대겁의 구별이 있는데 그냥 겁이라고 할 때에는 대겁을 가리킵니다. 앞에서 말한 수명이 늘어나는 증겁과 수명이 줄어드는 감겁은 모두 소겁이며 증겁과 감겁을 합한 것을 중겁이라고 합니다.

그런데 성·주·괴·공의 네 시기는 각각 20중겁으로 이루어져 있으므로 이 한 사이클은 80중겁으로 이루어져 있다는 것을 알 수 있습니다. 이 80중겁을 대겁(大劫)이라고 하는데, 과거의 대겁을 장엄겁(莊嚴劫), 현재의 대겁을 현겁(賢劫), 미래의 대겁을 성수겁(星宿劫)이라 부릅니다. 과거 칠불 중 세 분을 포함하는 천불이 장엄겁에 출현하셨습니다. 현겁에 들어와서는 과거칠불 중 네 분만 출현하셨고 그 중에는 석가모니불이 포함되어 있습니다. 지금 우리는 현겁이라는 대겁 중 주겁(住劫)의 제9겁에서 수명이 점점 줄어드는 감겁에 살고 있다고 합니다.

강조하고 싶은 것은 미륵의 하생 시기가 아득히 먼 미래이기는 하지만 아무리 먼 시간이라도 그 시기가 명확히 잡혀 있다는 것은 도래의 가능성과 희망을 가지기에 충분한 것이라는 점입니다. 잡혀 있는 날자는 아무리 멀더라도 구체성을 가지고 금세 다가오는 법이니까요.

미륵보살의 사람됨

원효 스님은 그의 저서 미륵상생경종요에서 미륵보살의 사람됨을 다음과 같이 평하고 있습니다.

"대저 미륵보살의 사람됨을 듣건대 그 멀고 가까움을 헤아릴 수 없고, 그 깊고 얕음을 짐작할 수도 없으며, 시작도 없고 끝도 없고, 마음도 아니고 물질도 아니므로 하늘과 땅의 힘으로도 그 공을 다 실을 수 없고, 우주의 힘으로도 그 덕을 다 받아들일 수 없다."

너무 추상적이고 철학적이며 신비롭기까지 합니다. 이 글로만 본다면 미륵은 우리들 인간과 너무나 동떨어진 세상에 사는 분인 양 느껴지기까지 합니다.

그렇다면 이제 좀더 인간적인 차원에서 미륵을 살펴보아야 하지 않을까요? 현우경에 실려 있는 미륵 설화에 의하면, 미륵은 파탈리푸트라(波樂弗多羅)국의 국사로 있던 바바리의 문하생으로 있다가 부처님을 뵈러 가는 16제자의 한 사람으로 뽑혀 왕사성의 영축산으로 갑니다. 거기서 그는 부처님의 거룩한 상호와 불가사의한 신력에 매료되어 출가를 자원하여 부처님의 제자가 된 분입니다.

미륵의 풍모에 대하여 먼저 살펴보겠습니다. 미륵은 태어날 때부터 32상을 두루 갖추고 몸의 빛깔이 자주금빛이었다고 하므로 모습이 출중했던 것은 틀림없는 사실인 듯합니다. 현우경에서는, 어느 날 미륵이 금란가사를 걸치고 바라나시성의 네거리에서 동냥을 하는데 사람들이 그 멋진 허우대에 넋을 잃고 음식을 시주할 생각까지 잊어버렸다고 적고 있습니다.

그리하여 보석구슬을 꿰는 한 관주장이가 미륵의 모습을 흠모한 나머지 자기 집에 초대하여 음식을 대접하고 설법을 듣는데, 이 장인은 미륵의 아름다운 말씨에 반하여 장사도 팽개치고 듣다가 10만 냥이나 되는 일거리를 날려버렸다고 적고 있습니다.

뿐만 아니라 미륵이 말재주가 좋고 설법 또한 흠잡을 데가 없었다는 것을 여러 경전에서 설하고 있습니다. 부처님은 이러한 미륵의 능력을 인정해 예언하시기를, "장차 너의 설법은 처음도 좋고 중간도 좋고 끝도 좋을 것이며, 뜻과 문채를 구족하였으니 범행(梵行)을 깨끗이 닦을 것이다(중아함경의 설본경)."라고 하셨습니다.

이제 미륵의 품격에 대해 알아볼 차례입니다. 관미륵보살상생도솔천경에 보면 지계제일로 일컬어지는 우바리 존자가 이런 질문을 부처님께 합니다.

"세존께서는 아일다(阿逸多, 즉 미륵)가 다음에 성불하리라고 말씀하셨는데, 이 사람은 범부의 몸 그대로이며 아직 때를 다 벗지 못했으며 선정을 닦지 않고 번뇌도 끊지 못했습니다.(그런데 어떻게 성불이 가능합니까?)"

그러나 미륵은 우바리의 말처럼, 단순히 불가의 본령인 선정을 닦지 않고, 번뇌를 끊지 않은 사람이 아닙니다. 그는 그런 능력이 있음에도 오히려 이 오탁악세에서 애오라지 선정을 닦아 번뇌를 끊어서 자기 자신의 해탈을 도모하느니보다는 차라리 중생을 이롭게 할 육바라밀에 심신을 바치겠다고 결심한 사람입니다. 이것은 현우경의 설화에서 보이듯, 부처님을 뵈러 갔던 16명의 제자들 중 부처님의 설법을 듣고 미륵을 뺀 나머지 15명만이 아라한이 된 것을 보아도 알 수 있습니다. 아라한은 초기불교 시대에 부처님 다음가는 최고의 성자입니다. 그러한 아라한의 경지에조차 오르지 못한 미륵이 장차 부처님이 되리라는 수기를 받았다는 것은 매우 흥미로운 일입니다.

이러한 미륵의 품격은 같은 경전에서 보이는 "생사를 마다하지 않고, 천상에 왕생하기를 좋아하는 이와 무상보리심을 애경하는 이"라는 말과 "번뇌를 끊으려 하지 말고 (차라리) 십선의 법을 닦아야 한다."라는 부처님의 말씀과 함께 미륵도의 수행법과도 밀접한 관련을 갖습니다.

즉 미륵도는 누구라도 쉽게 행할 수 있는, 소위 이행도(易行道)라는 것을 밝히고 있는 것입니다.

미륵의 나라

미륵의 도상(圖像)이야기

이제부터 화제를 바꾸어서 미륵의 도상(圖像)에 대하여 이야기하고자 합니다. 그 대상은 우리나라 절간에 모셔져 있거나 혹은 산과 들에 산재하는 '돌부처'로 한정하기로 하겠습니다.

중국의 저명한 고승 법현(法顯)은 5세기 초 인도로 구법 여행을 가던 중 얻어들은 불상 제작에 관한 신기한 고사를 전하고 있습니다. 그의 여행기 법현전에 의하면 오늘날의 카슈미르(Kashmir) 북부에 자리 잡은 타력국(陀歷國, Darel)이라는 나라에 옛날 한 나한이 있었는데, 신통력을 써서 한 솜씨 좋은 장인을 데리고 도솔천에 올라가 미륵보살의 키와 피부색과 얼굴을 관찰시키고 돌아와서 나무로 그 형상을 조각하게 했습니다. 그런데 정확을 기하기 위하여 그 장인은 세 번이나 도솔천을 왕래했다는 것입니다. 그 보살상은 높이가 8장(丈)이요, 결가부좌한 다리의 길이가 8척(尺)이나 되었다고 합니다. 이 목상은 물론 현존하지 않지만 이 상이 세워진 이후로 불법이 동방으로 전파되기 시작했다고 대당서역기(大唐西域記)의 저자 현장(玄奘) 법사는 전하고 있습니다.

보살상과 여래상

일반적으로 불상은 보살상과 여래상의 두 가지로 조상되는 데 두 상은 아주 딴판으로 다릅니다. 여래상은 대인상인 32상과 작은 특징인 80종호를 갖추고, 몸에 아무런 장식 없이 법의만 걸치는 출가승의 모습을 취합니다. 그에 반해 보살상은 머리에 보관을 쓰고 영락과 천의를 걸치며 손에 지물(持物)을 든 여성적인 모습으로 흔히 표현됩니다.

보살상은 본디 인도에서는 수염이 긴 남상(男像)으로 표현되었는데 중국에 와서는 남상으로 시작했다가 차차로 여성화하게 되었습니다. 그래도 보살상에 올챙이 같은 콧수염이 상당기간 나타납니다.

불상의 상호 가운데 자금색, 육계, 백호, 긴 귓불 등은 모든 불상이 공통적으로 갖추고 있고, 법의 또한 통견(通肩)과 편단우견(偏袒右肩)의 두 가지 착용 방법밖에 없으므로 불상을 식별하는 데는 별 도움을 주지 못합니다.

미륵상도 경전에 따라 보살상과 여래상의 두 가지로 조상됩니다. 보살상은 도솔천에 왕생하여 천중에게 설법하고 있는 미륵보살을 형상화한 것이며, 여래상은 미래에 염부제에 하생하여 성불하고 용화수 아래에서 법회를 벌이는 미륵불을 형상화한 것입니다.

도상을 식별하는 요소에는 여러 가지가 있습니다만 가장 중요한 것은 자세, 수인 그리고 지물입니다. 그러면 미륵의 도상은 석가모니불과 어떻게 다르고, 여느 보살상과는 지물이 어떻게 다르며, 혹 추가적인 특징이 있다면 그것은 어떤 것일까요?

도상의 일차적인 실마리는 해당 경전에서 찾을 수 있어야 할 것입니다. 미륵보살의 경우 관미륵보살상생도솔천경의 기술을 보면, "그때 미륵보살은 도솔천 칠보대에 있는 마니전의 사자좌에 홀연 화생하여 연꽃 위에 결가부좌하고 앉을 것인 바, 몸은 염부단금색이고 키는 16유순이며, 32상과 80종호를 갖춘다.……머리에는 천관을 쓰고, 천관에서는 백만 억의 빛이 흘러나오며, 하나하나의 빛깔 속에는 무량 백천의 화불(化佛)이 있다.……미륵보살은 여러 천인들과 더불어 각각 꽃자리에 앉아 주야6시로 불퇴전지(不退轉地)의 법륜행을 설한다."라고 적고 있습니다.

한편 미륵불에 대해서는 미륵대성불경을 비롯한 여러 하생경에서 전하고 있는데 이를 보면, "미륵이 입멸한 후 56억 7천만 년이 지나서 미륵보살이 도솔천에서 염부제로 하생하여 바라문의 집안에 태어날 것인 바, 몸은 자금색으로 32가지 장부상을 갖추고 키는 80주(肘 즉 32장)나 된다.……미륵보살은 머리 깎고 출가하여 용화 보리수 아래에서 출가한 그날 밤에 성불하고, 3회의 설법에서 석가모니불께서 미처 제도하시지 못한 무수한 중생을 제도한다."라고 적고 있습니다.

위의 경전의 기술에서 우리는 몇 가지 단서를 찾을 수 있

습니다. 하나는 미륵보살이 사자좌에 앉아서 결가부좌한다
는 것이고, 또 하나는 보관에 화불이 있다는 것입니다. 일반
적으로 화불은 관세음보살만이 갖는 특권처럼 인식되어 왔
습니다만, 미륵도 보관에 화불을 가질 수 있는 근거를 마련
하고 있는 것입니다. 또 미륵불은 용화수라는 특별한 보리
수 아래에서 성불한다는 것이 석가모니불과 다른 점이라 할
수 있습니다.

　밀교 경전의 의궤에는 도상에 관하여 여러 가지를 내놓고
있지만 그 공통점은 요컨대 보관에 소탑(small stupa)이 새
겨져 있거나, 한 손에 소탑을 들고 다른 손에는 연꽃을 든
모습을 그리고 있습니다. 소탑과 연꽃이라는 이 특징은 나
중에 살펴보겠지만 한국의 미륵 도상을 모색하는 데 중요한
암시를 던져 주고 있습니다.

부처님의 32상과 80종호

불신(佛身)이 갖추고 있는 신체적 특징을 불경에서는 '32상 80종호'라고 부르고 있지만, 경전에 따라서는 32상은 그냥 상(相) 또는 대인상(大人相)이라 하기도 하고, 80종호는 수형호(隨形好) 또는 소상(小相)이라 부르기도 합니다. 통칭해서는 흔히 상호(相好) 또는 묘상(妙相)이라고 합니다. 요컨대 상은 '큰 특징'이라는 뜻이며 종호는 '작은 특징'이라는 뜻입니다. 32상은 부처님뿐만 아니라 전륜성왕이 갖추는 신체적 특징이기도 합니다.

32상과 80종호는 열거하고 있는 경전에 따라 다소 차이가 있고 따라서 명칭도 일정하지 않지만 그 설명 내용은 거의 같습니다. 32상과 80종호에 대해서는 대지도론(大智度論), 좌선삼매경(坐禪三昧經), 대반열반경(大般涅槃經) 등에서 이야기하고 있는데, 여기에서는 상호 중 중요한 몇 가지만을 살펴보기로 하겠습니다.

족하천폭륜상(足下千輻輪相)
발바닥에 천 개의 바퀴살 무늬가 나 있다는 말입니다.

수족지만망상(手足指縵網相)

손과 발가락 사이에 망막이 있어 오리발처럼 생겼다는 말입니다.

정립수마슬상(正立手摩膝相)

똑바로 섰을 때 양손이 무릎을 지날 정도로 팔이 길다는 뜻입니다.

신금색상(身金色相)

피부가 황금색으로 빛나며 그 금색은 염부단금색(閻浮檀金色)과 같다는 말입니다.

상광일장상(常光一丈相)

몸의 주변에서 열 자 길이의 빛이 나고 부처는 항상 그 빛 속에 있다는 뜻입니다.

미중득상미상(味中得上味相)

부처는 언제나 최상의 맛을 볼 줄 안다는 말입니다. 어떤 음식을 먹어도 모두 최상의 맛이라는 말입니다.

범음심원상(梵音深遠相)

범천왕의 다섯 가지 음성과 같이 그 목소리는 하늘북처럼 우렁차고 가릉빈가 새처럼 부드러워 아무리 들어도 싫증이 나지 않는 상입니다.

정성육계상(頂成肉髻相)

머리 위에 육계가 있어 머리 꼭대기가 상투를 튼 것처럼 한 단 높이 솟아나 있습니다.

미간백호상(眉間白毫相)

눈썹 사이에 흰 털이 나 있어 오른쪽으로 말려 붙어 있습니다.

설광장상(舌廣長相)

부처의 혀는 부드러우면서도 크고 넓어서 밖으로 내놓으면 얼굴 전체를 덮고, 혀끝이 귓불의 가장자리까지 미칩니다.

마음장상(馬陰藏相)

부처의 음상은 코끼리나 말의 그것과 같이 몸의 내부에 감추어져 있어 나타나지 않습니다.

그 밖에 상반신의 위용이 사자와 같다는 상은 양쪽 상호에 공통으로 나와 있으며, 몸의 동작이 코끼리처럼 육중하다든가, 얼굴이 둥근 달과 같다든가, 키가 크고 손가락이 길고 섬세하다든가 하는 것은 80가지 작은 특징에 들어 있습니다.

이에 반해 대반열반경에서 32상을 기술하는 방법은 좀 색다릅니다. 어떤 보살이라 해도 선행을 닦으면 그 업의 인연 — 그것을 업연(業緣)이라 부르고 있습니다만—으로 여래의 32상을 취득할 수 있다고 말하고 있습니다. 예를 들면 보살마하살이 부모와 화상·스승 혹은 축생에게까지 법다운 재물을 공양·공급하면 이러한 업의 인연으로 발바닥에 천 살의 수레바퀴 무늬가 생기고, 또 보살마하살이 항상 옷·음식·이부자리·약·향·꽃·등불을 남에게 시주하면 이러한 업의 인연으로 몸이 금빛으로 빛나고 늘 광명에 둘러싸인다고 말하고 있습니다.

하지만 이러한 32상과 80종호를 실제로 불상을 만들 때 모두 표현한다는 것은 불가능할 뿐만 아니라, 자칫 잘못하면 부처의 존엄상을 해치기 쉽고 균형이 안 맞는 괴물처럼 될 수도 있습니다.

20 이천관고동석불입상
향토유적 제6호. 상고 4.03m. 고려시대.
경기도 이천시 관고동 대흥사.

경기도 이천에 있는 관고동석불입상은 대할 때마다 부처님의 32상을 생각나게 하는 그런 불상입니다. 이 석불은 바로 국도변에 그것도 도로를 등지고 서 있어 얼른 눈에 띄지 않습니다. 그러나 일단 경내에 들어서서 불상을 대하면 그 크기는 물론 특이한 모습에 감탄사가 절로 나오고 맙니다. 민머리에 육계는 동그랗게 솟았고 심도가 있으며 귀는 길게 어깨까지 늘어졌습니다. 통견의 법의는 아래쪽이 깊게 패인 옷 주름이 인상적입니다. 불상인데도 오른쪽 팔뚝에 굵은 팔찌가 선명하게 보입니다. 수인은 오른손은 내려서 몸 옆에 붙이고 왼손은 약간 들어서 배 밑에서 손바닥을 밖으로 보이고 있습니다. 그런데 팔이 유난히 길어 무릎을 지날 정도이고 손바닥 또한 신체에 비해 엄청 커 보이지요. 32상 중의 하나인 정립수마슬상이 떠오르는 모습입니다. 아메리칸 인디언의 추장 같은 인상이라고 하면 실례가 될까요?

인도와 중국의 미륵

여기에서 궁금한 것은 불상의 발상지인 인도와 그것이
전파된 중국에서는 미륵을 어떻게 형상화했느냐 하는 점입
니다. 인도는 불상의 발상지답게 미륵이 취할 수 있는 자세
의 원형 — 적어도 형상에 관한 한 — 을 그 곳에서 다 찾을
수가 있습니다. 결가부좌상이나 입상은 말할 것도 없고 반
가사유상, 교각상, 의좌상 등의 보살상과 여래상을 고루 갖
추고 있습니다.

고대 인도에서 미륵보살은 수행자의 모습으로 상투를 틀
거나(간다라), 보관에 화불을 모시고(마투라) 왼손에 물병
을 든 형상으로 출발했습니다.

미륵의 지물인 물병(카만달루, kamandalu)은 바라문의
수행자가 항상 휴대하는 필수 장구였습니다. 그 후 미륵보
살의 도상은 주로 관세음보살의 도상과 밀접하면서도 대립
적인 관계를 유지하면서 변천을 거듭해오다가 시대가 내려
와서 8~12세기의 팔라조(Pala朝)에 와서 미륵보살은 상투관
에 소탑, 왼손에 용화(때로는 물병)를 가지는 도상으로 정형
화하기에 이릅니다. 용화는 잎은 버들을 닮았고 네 개의 꽃
잎으로 이루어진 꽃나무를 말합니다.

21 미륵보살입상
2~3세기. 아히차트라출토 뉴델리국립박물관.

한편 관세음보살은 상투관에 화불, 왼손에 연꽃을 드는 도상으로 정착합니다. 관세음보살의 별명을 흔히 파드마파니(Padmapani) 즉 '연꽃잡이'라고 부르는 것은 관세음보살이 자기의 고유 표지로 항상 연꽃을 들기 때문입니다.

간다라 조각에 기원을 둔 반가사유상은 중국·한국·일본 등에서는 미륵보살의 한 계보를 이룰 만큼 경애와 사랑의 대상이 되어 온 이색적인 자태의 보살상이지만, 정작 본거지인 인도에서는 미륵으로 인식되지 않았습니다. 인도에서의 반가사유상은 오히려 부처님의 출가 전 모습인 싯다르타 태자나 마왕(魔王) 마라를 나타내는 데 사용되었습니다. 불전(佛傳) 속의 싯다르타 태자는 반가사유상 외에 정상적인 입상이나 결가부좌의 자세도 취했습니다. 단독의 반가사유상도 터번관을 쓰고 연꽃을 든 형상을 하고 있어서 관세음보살로 추정할 소지는 있을지언정 미륵보살로 볼 수 있는 여지는 전혀 없습니다. 또한 간다라 부조에서 이러한 반가사유상은 좌우대칭으로 나타나거나, 본존불의 협시보살로서 교각(交脚)보살상과 한 짝이 되

어 나타나는 경우가 있
습니다.

양다리를 X자 꼴로
엇거는 교각보살상은
간다라에는 많지만 마
투라에는 전혀 없는 것
으로 알려져 있습니다.
도솔천상의 미륵보살상
은 결가부좌가 주류를
이루지만 교각좌를 한
미륵보살도 발견됩니
다. 그러나 이 교각좌의
자세는 다른 존상에도
사용되고 있어서 미륵
고유의 자세라고 말할
수는 없습니다. 다만 중

22 교각미륵보살상
돈황 막고굴. 제 275호 굴 북량.

국에서의 교각좌는 확실히 미륵보살의 자세로 굳어지는 데,
그렇다 해도 이 교각좌가 미륵 관계의 경전에 기록된 바는
없습니다.

의자에 앉아서 양다리를 드리우는 의좌병각(倚坐竝脚)의
미륵여래상도 인도에서는 쿠산왕조(AD45~388)에서부터
굽타왕조(AD320~520)에 이르는 기간 중 매우 많이 조상되
었습니다. 이 자세도 중국의 미륵상에 전달되었습니다.

중국에서의 반가사유상은 불전 속의 싯다르타 태자상을 표현하는 데 쓰였는데, 북위(北魏) 이래 동·서위(東西魏)에서 특히 많이 조상되었습니다. 태자상 가운데 특히 유명한 것은 태자가 염부수 아래에서 밭갈이에서 튀어나온 벌레를 새가 쪼아 먹는 것을 보고 사유했다는 〈수하사유상〉, 태자가 밤중에 궁성을 빠져나와 발가선인의 고행림에서 마부 차익과 애마를 돌려보냈다는 〈애마와의 이별〉, 출가를 결심하고 왕성을 나오기 직전 궁녀들이 제멋대로 잠들어 있는 추태를 보고 사유했다는 〈출가결의〉 등입니다. 이들은 중국 반가사유상의 한 계보를 이루게 되지만 어찌된 일인지 우리나라에는 전래되지 않았습니다.

반가사유상은 태자상을 나타낸 외에 북위에서는 교각보살상의 협시보살로서도 사용된 예가 많습니다. 중국에서 미륵이라는 조상명문이 있는 반가사유상이 아직 발견되지 못한 것은 아쉬운 일이지만, 그래도 동위와 북제(北齊) 때 유행한 백옥반가사유상 가운데 광배에 용화수가 새겨진 것이 많이 발견된 바 있고, 또 북위 태화 16년 명의 곽원경조석사유태자상(郭元慶造石思惟太子像)은 감실 안에 싯다르타 태자가 애마와 고별하는 정경을 새긴 것이지만 그 위의 감미(龕楣)에 과거칠불이 새겨져 있어 이 태자상이 여덟 번째의 미륵불임을 암시하는 등의 예가 더러 있습니다. 이와 같이 중국에서는 대체로 반가사유상을 태자사유상으로 받아들였고 때로는 미륵보살상으로 인식하기도 했습니다.

하지만 삼국시대의 우리나라에서는 이 초월적이고도 매력적인 형식의 불상이 전래해 왔을 때 싯다르타 태자보다는

23 포대화상미륵 복건성 복청현.

오히려 선뜻 미륵보살로 받아들이고 숭상해 왔던 것으로 보입니다.

중국의 미륵상은 돈황·운강·용문석굴 등에서 처음 교각보살상이나 교각여래상으로 출발했습니다. 이들 교각상은 조상명문에서 그 존명이 확인된 것들입니다. 그림 22의 교각보살상은 삼면관의 정면에 화불이 있고, 수미좌 양쪽에 기괴하게 웅크린 사자상이 있는, 영락없는 미륵보살입니다. 북위에서 시작된 교각미륵보살상은 북제에 와서 의좌미륵보살상이라는 과도기를 거쳐 수당(隋唐)시대에 와서는 의좌불(倚坐佛)로 변하게 됩니다.

그러다가 오대십국(五代十國)시대 이후에는 너털웃음을 웃는 배불뚝이 화상의 상으로 바뀌게 됩니다. 10세기 초엽인 후량(後梁) 때 절강봉화(浙江奉化)의 한 스님이 부대를 메고 사방으로 동냥을 다녔으므로 '포대화상(布袋和尙)'이라 불렸는데, 입적할 때 다음과 같은 게송을 남겼습니다.

미륵은 참미륵이요,
분신이 천백억인데,
시시로 모양을 바꾸어 나타내 보이건만
세인이 몰라보는구나.

이후로 송나라 때부터는 배불뚝이에다 활짝 웃는 포대화
상을 미륵으로 삼게 되었습니다.

한 가지 덧붙이고 싶은 것은 앞에서 든 북량의 막고굴 제
275호 굴의 교각미륵보살상 외에도, 북위기의 운강 · 용문
석굴의 상당수의 교각보살상의 보관에 화불이 새겨져 있다
는 것입니다. 또 그들 교각보살상의 발 좌우에는 거의 언제
나 한 쌍의 사자상이 표현되어 있다는 사실입니다. 이것은
상생경의 기술과 부합되는 것으로 주목할 만합니다.

여태까지 우리는 미륵도상의 실마리를 미륵경전에 있는
규정과 인도 및 중국의 불상에서 찾아보았습니다. 불상의
도상이란 것이 반드시 경전만을 토대로 만들어지는 것이 아
니고, 그 나라, 그 지방의 전통과 풍속에 따라 형성되는 것
이므로 이제 남은 과제는 한국에 남아 있는 불상들을 직접
찾아가서 그 공통점과 특이점을 밝혀내는 일입니다.

한국 미륵도상의 실마리

미륵도상을 모색하는 데 절대적인 도움을 주는 것은 조상명문(造像銘文)입니다. 중국의 불상에는 조상의 연유와 존명을 밝힌 조상명문이 지천으로 많은데 우리나라에는 금석(金石)을 불문하고 안타깝게도 그리 많지 않습니다. 앞에서도 말한 바와 같이 이 책의 고찰 대상은 석불이기 때문에 석불을 대상으로 명문을 찾아보면 다음과 같습니다.

· 단석산신선사마애불상군(7세기 초엽)
· 연화사무인명석조반가사유상(678년)
· 감산사석조미륵보살입상(719년)
· 태평흥국명마애보살좌상(981년)
· 파주용미리석불입상(1465년)
· 관악산봉천동마애미륵불(1630년)

이들 명문을 가진 석불들은 그 수가 워낙 적고 시대와 지역을 고루 망라하지도 못하여 미륵도상의 정립에 크게 기여하지는 못한다 하더라도 몇 가지 귀중한 단서를 제공하고 있습니다. 그것을 보면 다음과 같습니다.

첫째, 자세 면에서 입상 · 좌상 · 반가사유상 · 반가상 등이 있습니다.

둘째, 미륵보살의 보관에 화불이 있습니다.

셋째, 보살이나 여래나 다 같이 연봉 또는 연봉 줄기를 가질 수 있습니다.

넷째, 이것은 매우 한국적인 특징이지만 여러 가지 모양의 갓(관)을 쓰고 있습니다.

다섯째로는 석가모니불의 근본 수인 여섯 가지 외에도 특이한 수인을 짓고 있다는 점입니다.

신선사미륵불의 용화 법회

그러면 명문이 있는 석불 중에서는 연대가 가장 오래된 7세기 초엽 고신라기의 경주 단석산신선사마애불상군부터 살펴보기로 하겠습니다. 이 불상군은 상인암(上人巖)이라는 거대한 자연 바위가 이루어 놓은 ㄷ자꼴 석실 안에 새겨져 있는데 불 · 보살 · 공양자상 등 도합 10구(軀)가 새겨져 있습니다.

탁 트인 서쪽이 입구이며 들어서면서 왼쪽 즉 북쪽 바위에 상하 두 단으로 모두 7구의 불 · 보살 · 공양자상을 조각했는데, 상단에는 여래 입상 2구, 보살 입상 1구, 반가사유상 1구 등 4구를, 하단에는 공양자상 2구와 여래 입상 1구 등 3구를 조각했습니다. 여기에서 바위가 일단 단절되었다가 다시 솟은 바위에 커다란 여래 입상(본존)을, 동쪽과 남

N ⟵

24 신선사상인암 조감도 ⓒ신영훈

쪽 바위에 보살 입상 각 1구씩을 새겨 불삼존상(佛三尊像)을 형성했습니다. 그리고 남쪽 바위 보살상 옆에 장문의 조상명문이 새겨져 있습니다.

 이 마애불상군을 대하고 있노라면 무슨 대단한 행사가 벌어지고 있음을 느낄 수 있습니다. 우선 전실(前室) 상단의 불·보살·공양자들이 하나같이 두 손을 들어서 안쪽의 반가사유상과 미륵불로 인도하는 듯한 포즈를 취하고 있고, 하단의 공양자들은 버선 같은 모자를 뒤집어쓴 채 치마 저고리를 입고 향로와 나뭇가지를 들고 공양하고 있기 때문입니다. 경건한 분위기 속에 경사스러운 광경, 다시 말해 용화법회의 한바탕 축제가 벌어지고 있는 것입니다.

본존불은 상고 8.20m의 거대한 입상으로 민머리에 육계는 2단으로 솟았으며, 삼도는 없고 통견 차림으로 삼국시대의 통인인 시무외(우수)·여원인(좌수)을 거의 같은 높이에서 짓고 있습니다. 상호는 근엄하고 조각이 깊게 패여 있어 매우 강경한 인상을 줍니다.

미륵의 나라

25 단석산신선사마애불상군
국보 제199호. 본존불입상 상고 8.20m
경북 경주시 건천읍 송선리 신선사(神仙寺).

우리의 관심을 끄는 또 하나의 불상인 반
가사유상은 상고가 불과 1.10m의 작은 마
애불이지만, 상반신을 벗은 채 삼산관을
쓰고 연꽃대좌 위에 통식의 반가사유 자세
를 취하고 있습니다. 그런데 오른쪽 손가락을
턱에 갖다 댄 얼굴이 똑바로 정면을 향하고
있는 모습이 인상적입니다. 왜냐하면 흔히
반가사유상은 얼굴을 앞으로 약간 숙이거
나 왼쪽으로 약간 기울이기 때문입니
다. 신라 때 화랑들이 그렇게도 애경했
던 반가사유상이라고 생각하니 비록
마애불이지만 가슴이 뭉클해집니다.

    남쪽 벽에 음각된 경주상인암조상
명기(慶州上人巖造像銘記)는 약 400자

26 단석산신선사 반가사유상 탁본
ⓒ신영훈

에 가까운 조상명문이지만 이끼가 끼고 마멸이 심하여 그
중 약 200자만 판독되었습니다. 반가사유상에 대한 언급은
없지만 본존불의 존명이 미륵불이란 것과 절 이름이 신선사
라는 사실은 다음의 구절에서 알 수 있었습니다.

    …仍於山巖下創造伽籃　因靈虛名神仙寺　作彌
    勒一區高三丈菩薩二區　明示微妙相相端嚴.

    (이에 상인암 아래에 가람을 새로 짓고 자리가 신령하므
로 절 이름을 신선사라 하고, 높이 3장의 미륵상 1구와 보살

상 2구를 만들어 그 미묘하고 단정한 상호를 뚜렷하게 나타
내 보였다.)

이 명문마저 없었더라면 우리는 이 곳의 본존불이 석가모
니불인지 미륵불인지 구별할 방법조차 없었을 것입니다. 그
만큼 미륵의 도상은 상호에 있어서나 자세에 있어서 그리고
수인에 있어서도 석가모니불의 그것과 비교하여 아무런 차
이가 없다는 것을 알 수 있습니다.

도솔천상의 미륵보살

다음에는 국립청주박물관에 있는, 확실한 조상 연도가 적
힌 연화사무인명(蓮華寺戊寅銘)석조반가사유상을 살펴봅시다. 이
석상은 비상(碑像)이라고 하는 총고가 불과 52.4cm의 조그
마한 작품으로 모사도의 도움 없이는 조각된 사물을 식별하
기도 쉽지가 않습니다. 이 석상은 백제가 멸망한 직후인 7
세기 후반에 백제의 유민들이 그 옛 땅에서 조상한 비암사
(碑巖寺) 계통의 일곱 개 납석제 비상의 하나입니다.

비상이란 석비 형태로 돌을 다듬어 앞뒷면, 혹은 4면에
불상을 조각하고 비문을 함께 새긴 특수한 형식의 불상을
말합니다. 비상은 원래 중국 육조시대부터 당대까지 유행하
여 그 유품이 많이 남아 있으나 우리나라에서는 비암사계의
작품이 대표적 유례라고 할 수 있습니다.

이 석상은 원래 덮개돌이 있었던 것으로 보이지만 지금은

대좌와 비석만 남아 있습니다. 비신 앞뒤에 각각 오존상과 삼존상을 새겼고, 좌우 측면에는 명문이 새겨져 있는데, 삼존상의 본존이 반가사유의 보살상이란 점이 특히 주목됩니다.

반가사유상은 방형의 대좌에 앉아 오른손은 구부려 오른쪽 뺨에 대고, 왼손은 내려서 왼쪽 다리 위에 놓은 오른발의 발목에 대고 있습니다. 상반신은 벗었으며 원형 두광에는 연꽃잎을 새겼고 그 위에는 일산 모양의 장막이 있습니다. 본존의 좌우에는 각 1구씩의 보살상이 각기 향로를 들고 꿇어앉아 공양하고 있습니다. 본존의 방형 대좌 아래에는 난순형(欄楯形)과 연못에 자라는 연꽃가지를 새겼습니다.

우리가 찾는 명문은 비상의 좌우 측면에 각 4행의 각자가 있으나 세세하고 마모가 심하여 그 일부만을 판독할 수 있습니다.

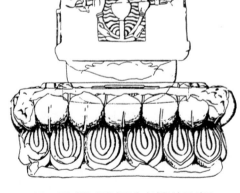

戊寅年七月七日□□□
其家□狀□□□□□□
□一切衆生敬造阿彌陀彌
□□□
(무인년 7월 7일············
그 집····················
일체 중생을 위하여 삼가 아미타와
미(륵)을 조상한다.)

27 연화사무인명석조반가사유상 모사도
연화사무인명석조반가사유상. 보물 제649호.
충북 청주시 상당구 명암동 국립청주박물관.

무인년은 678년(신라 문무왕 18년)으로 추정되고, 셋째 행의 마지막 미(彌)자 다음 자 즉 넷째 행의 첫 글자는 륵(勒)으로 추정됩니다.

그렇다면 뒷면의 오존상은 아미타불, 앞면의 반가사유보살상은 미륵보살이라 추정할 수 있게 됩니다. 비록 추정이지만 석조반가사유상이 미륵의 한 계보를 이루는 근거가 마련되었다는 점에서 매우 중요한 의의를 가진다고 할 수 있습니다. 그렇지 않아도 반가사유상 주변의 장막·연꽃·난순 등 풍물과 향로를 공양하는 천녀 같은 보살은 관미륵보살상생도솔천경이 그리고 있는 도솔천 내원궁을 방불케 합니다.

비천 같은 미륵보살

다음에는 통일신라시대의 아주 아름다운 감산사석조미륵보살입상을 만나 보기로 하겠습니다. 이 석상은 원래 경주 감산사에 있던 것을 지금의 국립중앙박물관으로 옮겨다 놓은 것입니다. 이 보살상은 굽타양식을 따르고 있는데 풍만하고 육감적인 여인의 이상적인 육체미를 나타낸 걸작입니다. 높은 상투형 보관에는 화불이 새겨져 있고 수발이 양 어깨까지 흘러 내려와 꽃송이처럼 뭉쳤으며, 귀고리·목걸이·팔찌를 하고 연주형(連珠形) 영락은 무릎 아래까지 늘어졌습니다.

몸을 살짝 오른쪽으로 뒤튼 채 두 번 휘어진, 소위 삼곡

28 감산사석조미륵보살입상
국보 제81호. 총고 2.63m.
서울시 용산구 용산동 6가 168-6 국립중앙박물관.

(三曲) 자세로 삼단의 연화대좌 위에 서서 오른손은 내려서 살짝 옷자락을 잡았고, 왼손은 들어서 시무외인을 짓고 있습니다. 몸에 밀착된 듯한 얇은 천의의 주름, 힘찬 불길 무늬가 둘러진 주형 광배 등 한마디로 황홀할 만큼 아름답습니다.

미륵보살의 보관에 화불이 새겨져 있다는 것은 매우 중요한 일입니다. 도상학적으로 관세음보살의 보관에 아미타불이 있는 것이 보통이며 미륵보살의 경우에는 보관에 불탑을 표현하는 것이 상례로 되어 있기 때문입니다. 그러나 미륵보살의 화불은 이미 말한 대로 상생경에서 그 근거를 찾을 수 있었습니다. 이것은 한국 미륵의 도상을 모색하는 데 중요한 실마리가 됩니다. 또한 이 석상으로 미륵보살이 입상의 자세를 취할 수 있다는 것도 알게 되었습니다. 또한 이 보살상이야 말로 조상명문이 없었더라면 정말 아주 엉뚱한 다른 보살로 여겨졌을 가능성이 컸을 것입니다.

이 보살상을 더욱 값지고 유명하게 만든 것은 광배 뒷면에 새겨진 장문의 조상명문입니다. 이 명문 덕택에 우리는 이 보살상이 미륵보살이란 것과 조상의 연대와 동기 그리고 한 신라인의 사상과 신앙을 알 수 있게 된 것입니다.

〈미륵보살화광후기(彌勒菩薩火光後記)〉라는 제명 아래 "開元七年己未二月十五日重阿湌金志誠……"으로 시작되는 조상기에 따르면, 중아찬 김지성이 돌아가신 부모의 명복을 빌기 위하여 사재를 털어 719년(성덕왕 18년)에 감산사라는 절을 짓고 미륵과 아미타의 두 석상을 만들어 바친다고 적고 있습니다. 조상자의 불교에 대한 열정과 신심이 구구절절 넘쳐흐르는, 일독의 가치가 충분히 있는 명문입니다.

이 미륵보살상은 조상기에 나와 있는 바와 같이 원래 아미타상(국보 제82호)과 함께 조상하여 감산사의 두 본존으로 금당(金堂)에 모셨던 것입니다.

현재 경주 괘릉 옆에 남아 있는 감산사 옛터에는 화려하였을 가람의 모습은 온데간데없고 일부 탑신을 망실한 3층 석탑 1기만이 외로이 절터를 지키고 있습니다. 그나마 다행이라면 인법당(因法堂)에는 고졸한 비로자나불상 한 기가 좌정한 가운데 두 국보급 불상의 출처를 알리는 사진 두 장이 쓸쓸하게나마 걸려 있다는 것이지요.

감산사석조미륵보살입상 광배 명문

감산사미륵보살상의 광배 뒷면에 새겨진 명문은 총 22행 381자로서 행서로 새겨져 있습니다. 여기에는 8세기 초 한 신라 귀족의 사상과 행적 특히 신라 법상종에 대한 신앙이 극명하게 드러나 있습니다. 아래에 그 전문을 번역하여 싣습니다.

개원 7년 기미년(719년, 성덕왕 18년) 2월 15일 중아찬 김지성은 돌아가신 아버지 인장 일길찬(仁章―吉飡)과 돌아가신 어머니 관초리(觀肖里)를 위하여 감산사(甘山寺)와 석조 아미타상 1구와 석조 미륵상 1구를 삼가 조성하였다.

듣건대 불교는 그윽하고 미묘하여 생기지도 않고 없어지지도 않으며, 부처님은 참으로 적정하여 가고 옴이 없다. 그런 까닭에 현교(顯敎)는 법신・보신・응신의 3신으로 이에 응하고, 근기에 따라 중생을 제도하며, 여래의 열 가지 공덕을 나타내고, 원이 있으면 모두 이루어 준다.

불제자 지성은 성세에 태어나 높은 관직을 두루 거쳤으나 지략이 없어 시폐(時弊)를 바로잡아 보려다가 형벌에 걸릴 뻔한 것을 간신히 면하였다. 성품이 산수를 좋아하여 장자와 노자의 소요(逍遙)와 자적(自適)을 사모하였고, 뜻은 진종(眞宗 즉 불교)을 중히 여겨 무착(無著)의 그윽하고 적적한 경지를 희구하였다.

나이 67세에 조정의 국사를 사직하고 드디어 한적한 전원으로 돌아가 5천자의 도덕경을 읽으며, 명예와 지위를 버리고 오묘한 진리의 세계로 들어가 17지(地)의 유가사지론을 깊이 연구하여 색과 공을 깨트리니 두 가지가 모두 없어졌다.

이윽고 다시 왕명을 초가집에 내리니 가까운 서울의 바쁜 직무를 맡아서 몸은 비록 관직에 있으면서 세속에 물들었으나 세간을 떠나고 싶은 마음은 버리지 않고 있다가 이제 지성은 온 재산을 다 털어 감산의 가람을 세웠다.

엎드려 바라건대 이 작은 정성이 도움이 되어 위로는 국주대왕께서 천년의 장수를 누리시고 한량없는 만복을 누리시며, 개원(愷元) 이찬공(伊湌公)은 번뇌의 티끌세상을 벗어나 태어남이 없는 묘과를 증득하게 하시고, 동생 양성(良誠) 소사(小舍)・현도사(玄度師)・누나 고파리(古巴里)・

전처 고로리(古老里)·후처 아호리(阿好里) 또 서형 급한 (及漢) 일길찬(一吉飡)·일동(一憧) 살찬(薩飡)·총경(聰敬) 대사(大舍)·누이 수힐매리(首肹買里) 그리고 가없는 법계의 일체 중생이 함께 육진(六塵)의 속세를 벗어나 다 같이 부처의 십호(十號)의 경지에 오르게 하소서.

비록 지성의 몸은 다함이 있더라도 이 원만은 무궁하고, 겁석(劫石)은 닳아 없어지더라도 미륵의 존용은 변치 아니하며, 구하면 과보를 얻지 아니함이 없고, 원대로 모두 이루어지게 하소서. 만약 이 마음의 서원에 동조하는 이가 있다면 모두 함께 선인(善因)을 짓는 일에 동참하기 바란다.

돌아가신 어머니 관초리 부인은 나이 66세에 고인이 되매 동해 바윗가에 유골을 흩뿌렸다.

조상자 김지성은 석가모니불의 열반일인 2월 15일을 기하여 돌아가신 부모의 명복을 빌기 위하여 신라 법상종의 관례에 따라 미륵과 아미타불을 함께 조상하였습니다. 명문 중에 중아찬, 이찬, 소사, 일길찬, 살찬, 대사 등 신라의 17등 관직명이 나오는데 중아찬 일명 아찬은 제6위, 이찬은 제2위입니다.

무착(無著)은 유가유식학을 확립한 인도의 논사(論師) Asaṅga(310~390)이며, 17지의 법문이란 유가사지론을 말하는데 유가(yoga)의 관행(觀行)을 닦는 경계를 17지로 나누어 설한 책입니다. 겁석은 앞에서도 말한 바 있지만 천녀가 100년에 한 번씩 내려와 바위를 스쳐 그것이 닳아 없어지는 기간을 겁이라고 하는 데 그 바위를 말합니다.

연꽃을 든 미륵반가상

반가사유상이 아닌 그냥 반가상도 미륵일 수 있는 조상례가 있습니다. 경기도 이천의 태평홍국명마애보살좌상이 바로 그것입니다. 이 보살상은 길가에 서있는 '미륵바위' 라고 부르는 삼각형 바위의 벽면에 가득히 새겨진 거대한 보살반가상입니다. 사유상이 아니고 그냥 반가상입니다.

반가 방식도 통식과는 달리 오른발을 내리고 왼발을 오른쪽 무릎 위에 올렸습니다. 화불이 새겨진 높은 삼산관을 쓰고 오른손을 가슴에 들어 연꽃 줄기를 들었으며 왼손은 왼쪽 다리 위에 놓고 손바닥을 위로 했습니다. 연꽃 줄기는 한 가지에는 연봉, 다른 가지에는 큼직한 연밥이 달려 있습니다. 첫눈에도 두 손의 수인과 왼발 발가락의 표현이 사실적인 것이 눈에 뜁니다.

미륵의 나라

29 태평홍국명마애보살좌상 보물 제982호. 상고 2.46m. 경기도 이천시 마장면 장암리.

바위 뒷면에 음각된 명문이 있습니다. 해서(楷書)로 한 행에 13자씩 3행이 음각되어 있으나 판독 가능한 부분은 다음과 같습니다.

太平興國六年辛巳二月十三日
元□□道俗香徒等人上道

태평흥국 6년은 981년으로 고려 경종 6년에 해당합니다. 향도란 계를 맺은 신도 단체를 일컫는데 흔히 용화향도를 뜻합니다. 이 보살상은 반가사유가 아닌 단순 반가의 자세를 하고 있지만 보관에 화불이 있고 연꽃을 가졌으므로 미륵보살로 보아 무리가 없을 것 같습니다.

한 쌍의 부부 같은 쌍미륵

파주용미리석불입상은 속칭 '쌍미륵'이라고 부르는 거대한 쌍석불인데 얼굴 각부가 큼직하고 높이 솟아 있어 보기에 아주 시원합니다. 멀리서도 무슨 이정표처럼 잘 보입니다. 이 불상은 암벽에 불신을 조각하고 머리 부분을 따로 만들어 올려놓은 것입니다.

두 불상 모두 갓을 썼는데 오른쪽 불상은 사각 방형갓을, 왼쪽 불상은 원형갓을 썼습니다. 방형갓을 쓴 불상은 합장했고, 원형갓을 쓴 불상은 두 손으로 연꽃 줄기를 비스듬히 들었습니다.

30 파주용미리석불입상
보물 제93호.
총고 방형갓 불상 17.40m, 원형갓 불상 19.80m. 고려초기.
경기도 파주시 광탄면 용미리 용암사.

이 석불과 관련해서 이제까지 알려진 설화는 다음과 같습
니다.

고려 선종(1083~1094)이 아들이 없어 고민하던 중 후궁
원신(元信) 공주의 꿈에 두 도승이 나타나서,
"파주군 장지산에 사는데 그 곳에 있는 두 바위에 불상을
조각하면 소원을 이루어 주리라."
하므로 사람을 시켜 알아보니 과연 그 곳에 큰 바위가 두 개
있는지라, 도승의 소원대로 미륵불과 미륵보살의 쌍미륵을
조성하고 절을 창건하자 원신 공주에게 태기가 있어 왕자를
낳았다고 하며 그가 곧 한산후(漢山侯)라고 한다.

그러나 《경인매일》(1995. 10. 21자) 및 동일자 《조선일보》
에 실린 모 학예연구관의 기고문에 의하면, 불상의 법의 세
곳에 새겨진 명문 200자를 판독한 결과 이 쌍석불 입상은
이제까지 알려진 대로 고려 초기의 불상이 아니라 조선조
(1465년, 세조 11년)에 조성된 것이며, 세조와 정희왕후의
모습을 미륵으로 형상화한 것이라고 합니다. 명문에 따르면
함양군 이포(1416~1474, 양녕대군의 차남)와 그의 부인 태
인군부인 이씨 등 20여 명이 조성했으며, 다음과 같은 구절
로 볼 때 세조의 진영을 형상화하여 세조의 미륵정토 왕생
을 기원했다는 것입니다.

主上殿下眞□
世祖大王往生淨土□來彌勒如來

만일 이것이 확인이 된다면 이는 국왕 부처를 미륵으로 형상화하고 불상에 직접 왕명을 새겨 놓은 우리나라 최초의 예가 될 것입니다.

이 불상은 두 가지 면에서 특별한 의의를 가집니다. 하나는 한국 미륵의 가장 한국적인 특색인 갓을 쓰고 있다는 점입니다. 그것도 한 가지 종류가 아닌 원형갓과 방형갓을 쓰고 있습니다. 다른 하나는 우리나라에는 그 예가 많지 않은 '쌍불' 형식이라는 점입니다. 현지 마을사람들에 따르면 원형갓의 미륵은 남성, 방형갓의 미륵은 여성이라고 합니다.

쌍불의 예는 이곳 말고도 경기도 안성의 아양리석불입상과 기솔리석불입상, 충남 예산의 덕산신평리미륵불과 읍내리미륵불, 전북 익산의 고도리석불입상, 전남 화순의 운주사석조불감 그리고 제주도의 복신미륵 등이 있습니다.

관악산의 미륵불 초상화

관악산에 미륵의 초상화가 있다면 아마 놀라실 것입니다. 그것도 괴물 같은 스케치가 아니라 아주 정상적인 인물화입니다. 거기다가 분명히 '彌勒尊佛(미륵존불)'이라고 초상화의 주인공 이름을 밝히고 있습니다. 이 관악산마애미륵불은 관악산의 북쪽 자락이 낙성대로 빠지는 능선 밑에 자리 잡고 있습니다.

측면관(側面觀)으로 얼굴과 가슴 부위만 돋을새김을 하

31
관악산봉천동마애미륵불
서울특별시유형문화재 제49호.
상고 1.55m.
서울시 관악구 봉천동 관악산.

고 나머지는 음각한 걸작 마애불입니다. 이목구비가 개성
있게 표현되어 있어 거스를 수 없는 부처님의 위신 같은 것
을 느끼게 하는 그런 초상화입니다. 살찐 얼굴에 부은 것 같
은 눈두덩과 매부리코 그리고 다문 입술이 심통이 있어 보
입니다. 두 손을 소매 속에 넣은 채 큼직한 연봉이 달린 줄
기를 들고 있습니다.

   우리가 찾는 명문은 두광의 왼쪽에 세로로 새겨져 있습
니다.

彌勒尊佛. 崇禎三年. 庚午四月日

숭정 3년은 1630년(조선 인조 8년)에 해당합니다. 보살이 아닌 미륵여래가 연봉과 같은 지물을 들고 있는 점도 특이하거니와 좌상의 여래상을 발견했다는 점에서도 귀중한 작품이라 하겠습니다.

이것으로 명문이 있는 석불 몇 구를 관찰·검토한 결과 얻은 결론을 다시 정리해 보겠습니다. 우리나라 미륵의 도상을 모색하는 데 도움이 되는 실마리는 이렇습니다.

첫째, 여러 가지 모양의 갓을 쓰고 있는 바, 이것은 가장 한국적인 특색이라 할 수 있습니다.

둘째, 자세면에서 미륵은 여느 불상들처럼 입상과 좌상을 취할 수 있을 뿐만 아니라 미륵 특유의 반가사유상과 단순 반가상도 취할 수 있습니다.

셋째, 미륵의 보관에 화불이 있습니다.

넷째, 보살이나 여래가 다 같이 연봉이나 연꽃줄기를 지물로 취할 수 있습니다.

다섯째, 수인은 석가모니불의 근본수인은 물론 그 밖의 특이수인도 짓는다는 것입니다.

그러므로 도상을 보고 불상의 존명을 결정할 때 반가사유상을 제외하고는, 불상의 자세와 수인 그리고 지물만 보아서는 미륵불인지 석가모니불인지 또는 여느 다른 불보살인지 분간하기 어렵다고 말할 수 있습니다.

미륵의 나라 —

미륵경전 이야기

미륵경전의 종류

미륵에 관한 단편적인 언급은 아함경이나 불본행집경, 육도집경과 같은 여러 경전에 실려 있습니다. 그러나 전적으로 미륵보살이나 미륵불의 이야기만을 다룬 단독 경전을 대상으로 살펴본다면 십여 종이 있는데 대체로 본원(本願)·상생(上生)·하생(下生)의 세 계통으로 나눌 수 있습니다. 우선 본원경 중의 중요한 것은 다음의 두 가지가 있습니다.

1. 미륵보살소문본원경(彌勒菩薩所問本願經)
   축법호(竺法護) 역
2. 대보적경미륵보살소문회경(大寶積經彌勒菩薩所問會經)
   보리류지(菩提流支) 역

위의 두 경전은 한 원본을 달리 번역한 이역본입니다. 본원경은 석가모니불과 미륵보살의 본원과 수행 방법의 차이를 다룬 흥미 있고 시사하는 바가 많은 경전으로, 말하자면 미륵사상의 출발점이자 그 본바탕을 이룬다고 할 수 있습니다.

상생경에는 아래의 경전 하나밖에 없습니다.

1. 관미륵보살상생도솔천경(觀彌勒菩薩上生兜率天經)
   저거경성(沮渠京聲) 역

이 경전은 앞으로 웬만하면 그냥 상생경이라 약칭하겠습니다. 이 경은 현재 미륵보살이 올라가 계시는 도솔천궁의 휘황찬란한 장엄과 미륵보살의 일상생활 그리고 도솔천에 왕생할 수 있는 인연을 설하고 있습니다. 제목에 '觀(관)' 자가 붙어 있는 것은 선정에 들어가서 도솔천이나 미륵보살을 관상한다는 뜻입니다. 정토삼부경의 하나인 관무량수경(觀無量壽經)에도 '관' 자가 붙어 있는데 이런 경을 통칭하여 '관경(觀經)'이라 부릅니다.

하생경에는 다음의 다섯 가지가 있습니다.

1. 미륵내시경(彌勒來時經) 역자 불명
2. 미륵하생경(彌勒下生經) 축법호(竺法護) 역
3. 미륵하생성불경(彌勒下生成佛經) 구마라집(鳩摩羅什) 역
4. 미륵대성불경(彌勒大成佛經) 구마라집(鳩摩羅什) 역
5. 미륵하생성불경(彌勒下生成佛經) 의정(義淨) 역

이들 다섯 경전은 대체로 동일한 내용을 담고 있습니다. 머나먼 미래세에 국토가 아름답고 살기 좋은 세상이 되었을 때, 미륵이 이 세상에 태어나서 부처가 되어 용화수 아래에서 세 차례의 법회를 열어 전륜성왕을 비롯한 많은 대중을 제도한다는 이야기가 바로 그것입니다.

이 다섯 하생경과 위의 상생경을 합하여 '미륵육부경(彌勒六部經)'이라 하는 데, 제2 및 제4경과 상생경을 합하여 '미륵삼부경(彌勒三部經)'이라 부르기도 합니다.

석가모니불과 미륵의 본원

우선 본원에 대하여 알아보겠습니다. 본원을 다룬 대보적경미륵보살소문회경과 미륵보살소문본원경은 내용이 대동소이합니다. 후자가 전자보다 표현이 고졸한 편입니다. 전자를 위주로 하여 이야기를 진행하되 필요할 때에는 후자를 따랐습니다.

이 경전은 부처님이 바라나국(波羅奈國) 시록림(施鹿林)에서 비구대중 500인과 보살 1만 인(혹은 500인)과 함께 있을 때 제자인 미륵보살과 아난존자의 질문을 받고 거기에 대답한 내용을 담고 있습니다. 부처님은 질문에 답하는 과정에서 보살의 기본 수행법 · 보살행의 종류 · 발심의 시기 · 수행 방법 · 본원의 차이 등 매우 흥미 있고 의미심장한 속내를 털어놓는데, 그 내용은 한마디로 석가모니불과 미륵보살의 차이점으로 귀착됩니다.

그러면 석가모니불과 미륵의 차이점은 무엇일까요? 그 첫째가 바로 본원의 차이입니다. 본원이란 이미 말씀드린 대로 부처나 보살이 과거세에 성불하기 이전에 중생을 제도하기 위하여 세운 서원을 말합니다. 이것은 매우 근본적인 문제입니다. 보살이 본원을 어떻게 세우느냐에 따라 보살행의 종류와 수행 방법이 달라지기 때문입니다.

미륵보살은 옛날 보살도를 닦을 때 본원을 세우기를, 〈내가 부처가 될 때에는 나라 안의 모든 백성이 모든 더러움과 때가 없고, 음·노·치(婬·怒·癡 즉 탐진치)도 그다지 심하지 않으며, 십선을 지성으로 받들어 행할 때 그제야 나는 아뇩다라삼먁삼보리(위없이 바른 깨달음, 즉 무상정각)를 취하리라.〉고 했습니다.

이에 비하여 석가모니불은 옛날 보살도를 행할 때, 〈원컨대 나는 오탁악세를 만나 탐·진·치(貪·瞋·癡)의 때가 무겁고, 악한 중생들이 부모에게 불효하고, 스승을 불경하며, 나아가 권속이 서로 화목하지 않을 때 그제야 나는 아뇩다라삼먁삼보리를 이룩하리라.〉는 본원을 세웠던 것입니다.

이러한 본원의 힘으로 말미암아 미륵보살은 미래세에 모든 중생이 탐진치를 엷게 하고 십선을 성취했을 때 그때 무상정각을 성취하게 되고, 석가모니불은 오히려 이 본원 때문에 도성과 마을에 들어서면 중생이 매도하기 일쑤였고, 단상법(斷常法)으로 대중의 집회를 소집했으며, 동냥을 나가면 흙을 주거나 음식에 독을 타서 먹게 했고 혹은 여인을 가지고 비방하기도 했습니다. 그래서 지금 석가모니불은 이 본원의 힘으로 대비심을 일으켜 악한 중생들을 위하여 법을 설하는 것이라고 말씀합니다.

다음은 보살행의 차이입니다. 보살의 사명은 "위로는 진리를 구하고(上求菩提) 아래로는 중생을 교화(下化衆生)"함에 있는데, 이 중에서 하화중생을 어떻게 실천하느냐가 문제가 됩니다.

아난이 부처님께 여쭈었습니다.

"미륵보살은 무생법인(無生法忍)을 얻은 지가 구원의 옛 적인데 어찌하여 무상정각을 얻어 부처가 되지 않았습니까?"

무생법인(無生法忍)이란 불기법인(不起法忍)이라고도 하며 "존재하는 것에는 자성(自性)이란 것이 없고 불생불멸(不生不滅)이라는 진리를 깨달아 거기에 안주하는 것"이라는 뜻입니다. 결국 일체의 실상(實相)이 나고 멸함이 없는 진리를 깨달았는데, 어찌하여 부처의 위에 오르지 못했는가 하고 물었던 것입니다.

그러자 부처님은 이렇게 말씀하십니다.

"보살은 네 가지 일(四事)로 무상정각을 취하지 않는다."

부처님의 설명에 의하면 보살에게는 네 종류의 보살행이 있는 바, 하나는 중생을 섭취(攝取)하는 것이고, 둘은 중생을 장엄(莊嚴)하는 것이며, 셋은 불국(佛國)을 섭취하는 것이고, 넷은 불국을 장엄하는 것이라고 합니다. 섭취한다는 말은 보호한다는 뜻이고, 장엄한다는 말은 정화한다는 뜻입니다.

부처님은, "미륵보살은 과거세에 보살도를 닦을 때 항상 불국을 섭취하고 불국을 장엄하기를 즐겼고, 나는 옛날에 보살도를 닦을 때 항상 중생을 섭취하고 중생을 장엄하기를 좋아했다."고 털어놓습니다. 다시 말하면 미륵은 국토 단위로 불국을 보호하고 정화하는 데 실천의 목표를 두었고, 석가모니불은 오히려 개인 단위로 중생을 보호하고 정화하는 것을 실천의 목표로 삼았던 것입니다. 하나는 정토(淨土)를 염원하는 보살행이요, 하나는 예토(穢土)를 구제하는 보살행입니다.

셋째는 발심 시기의 차이입니다. 미륵은 석가모니불보다 40겁(또는 42겁)을 앞서 아뇩다라삼먁-삼보리심을 내어 보살도를 닦았는데, 석가모니불은 그 후에 발심하였지만 용맹정진한 힘으로 말미암아 현겁(賢劫)에서 9겁이나 뛰어넘어 아뇩다라삼먁삼보리를 얻었습니다. 그 비결은 수행 방법의 차이에 있었습니다. 부처님은 말씀하십니다.

"나는 열 가지 일(十事)로써 최정각을 이루었느니라."

그 열 가지 일이란 모두 보시라는 자기희생이었습니다. 모진 수행을 한 덕택에 겁을 뛰어넘은 이야기는 이 밖에도 설산동자(雪山童子)가 반쪽 게(偈) 때문에 몸을 버려 12겁을 뛰어넘었고, 살타태자(薩埵太子)가 굶은 사자에게 몸을 던져 11겁을 뛰어넘은 일이 있습니다.

부처님의 전신인 설산동자는 전생에 혼자 설산(雪山)에서 과일만을 따 먹고, 하루 종일 좌선하는 일만 골똘히 생각하면서 수행하고 있을 때, 흉악하고 무섭게 생긴 나찰(제석천의 변신)이 나타나 지난 세상의 부처님이 말씀하신 게송의 반을 읊었습니다.

이 세상 모든 것이 덧없는 것은   諸行無常
생겼다가 없어지는 법칙 때문이니   是生滅法

설산동자는 이 반쪽 게송을 듣고 마음이 매우 기뻐서 나머지 게송을 마저 일러 준다면 평생 동안 나찰의 제자가 되겠다고 제의했으나 나찰은 응하지 않았습니다. 그때 나찰은 자신은 굶은 지가 며칠이 되어서 꼭 사람의 살과 피를 먹고 마셔야 된다고 합니다. 이에 설산동자는 말했습니다.

"그대가 나머지 게송을 읊어 준다면 내 몸을 그대를 위해 공양하겠소."

그러자 나찰은 그 게송을 마저 읊었습니다.

죽살이 인연만 끊어 버린다면　　　生滅滅已
적정의 즐거움이 거기 있네　　　　寂滅爲樂

설산동자는 그 게송의 뜻을 깊이 되새긴 뒤 근처의 돌·벽·나무·길을 막론하고 곳곳에 이 게송을 써놓고는 나무에 올라 몸을 나찰에게 던졌습니다. 이렇게 몸을 버린 인연으로 그는 12겁을 초월하여 미륵보살보다 먼저 아뇩다라삼먁삼보리를 이루었던 것입니다. 이 유명한 고사는 '설산구도(雪山求道)' 또는 '설산반게(雪山半偈)'로 알려져 있으며 대반열반경에 실려 있습니다.

넷째는 보시와 방편의 차이입니다. 석가모니불이 그렇게 빨리 무상정각을 얻을 수 있었던 것은 보시의 힘이었습니다. 석가모니불은 사랑하는 아내·사랑하는 아들·사랑하는 혈육·아끼는 왕위·아끼는 보배·아끼는 머리·아끼는 눈·아끼는 골수·아끼는 사지 등을 능히 보시할 수 있었습니다. 그러나 미륵보살은 옛날 보살도를 행할 때 손·

발・머리・눈을 능히 보시하지 못하고 다만 선교(善巧)와 방편(方便)의 안락도(安樂道)로써 무상 정등보리를 모아서 쌓았습니다. 즉 미륵은 주야육시(晝夜六時)로 편단우견하고 오른쪽 무릎을 꿇고 앉아 여러 부처님 앞에 합장하고 머리를 조아려 절한 다음 이렇게 게송을 읊었습니다.

나는 내가 지은 모든 죄를 참회합니다	我悔一切過
나는 모든 조도품을 권하고 도우며	勸助衆道德
모든 부처님 앞에 귀의하고 예배하오니	歸命禮諸佛
위없는 지혜를 얻게 하소서	令得無上慧

이역본에서는 게송 속에 모든 부처님을 예경하고, 참회하며, 발원하고, 수희(隨喜)하며, 육바라밀을 닦고, 부처님의 가르침을 순종한다는 내용까지 포함시키고 있습니다.

안락도란 이른바 행하기 쉬운 이행도(易行道)를 뜻합니다. 미륵의 이행도란 주로 예불하고 참회하고 십선을 닦음으로써 불국토를 보호하고 정화한다는 목표를 향하여 점진적으로 아뇩다라삼먁삼보리를 모아서 쌓아 올리는 정토보살행을 말합니다. 그러나 석가모니불은, 아난이 말한 것처럼, 하기 어려운 일을 능히 해냈으며 참기 어려운 일을 능히 참아내는 난행도(難行道)를 닦았기 때문에 미륵보다 일찍 성불할 수 있었던 것입니다.

주야육시(晝夜六時)에 대해서도 설명이 필요할 것 같습니다. 요즘에는 하루 24시간이 우리 몸에 배어 있지만 옛날에는 하루를 주야로 나누고 주야를 다시 각각 3시로 나누어 주야6시로 썼습니다. 즉 신조(晨朝, 아침) · 일중(日中, 한나절) · 일몰(日沒, 저녁나절) · 초야(初夜, 초저녁) · 중야(中夜, 한밤중) · 후야(後夜, 새벽녘)입니다. 이 6시가 다시 12지지(地支)의 12시로 나누어졌다가 근대에 이르러 24시로 정착했습니다. 주야육시란 밤낮으로 여섯 차례라는 뜻입니다.

관미륵보살상생도솔천경

이 경은 사위국 기수급고독원을 무대로 하여 계율제일인 우바리가 묻고 부처님이 대답하시는 것을 그 내용으로 하고 있습니다. 아래에 그 내용을 원문에 충실하게 간추려 보았습니다.

법회의 서곡

부처님께서 사위국 기수급고독원에 계실 때 초저녁에 온 몸에서 금빛 광명을 내놓으시자 그 광명 속에 무량 백천의 화불이 나타나 한목소리로 이렇게 말했다.

"지금 이 자리에 천 분의 보살이 계시니 제일 먼저 성불하실 분은 구루손(拘留孫)이며 맨 나중에 성불하실 분은 누지(樓至)라고 한다."

이 말이 끝나자 존자 아약교진여가 선정에서 깨어났는데 권속 250인과 함께 하였고, 존자 마하가섭·대목건련·사리불·마하바사바제(摩訶波闍波提) 비구니·수달장자(須達長者)·비사카모(毘舍佉母) 우바이·발타바라(跋陀婆羅) 보살·문수사리 법왕자 등도 각각 자기 권속들과 함께 있었다. 그 밖에 천·용·야차·건달바 등 일체 대중도 부처님의 광명을 보고 구름처럼 모여 들었다.

그때 세존께서는 넓고 긴 혀를 드러내어 천 가지 광명을 내놓으시면서 한마디로 백억의 다라니 법문을 설하셨는데 그때 대중 가운데서 미륵이라는 한 보살이 있다가 부처님의 설법을 듣자 단번에 백만억의 다라니 법문을 터득하고는 자리에서 일어나 옷을 바로하고 합장한 채 부처님 앞에 서 있었다.

그때 우바리도 자리에서 일어나 부처님에게 물었다.

"세존께서는 전에 율장과 경장을 말씀하실 때 아일다(미륵)가 다음에 성불하리라고 하셨는데, 아일다 이 사람은 범부의 몸 그대로이며 아직 때를 벗지 못했으며 비록 출가는 했지만 선정을 닦지 않아 번뇌도 끊지 못하고 있습니다. 그런데도 부처님께서는 〈이 사람이 틀림없이 성불할 것이다.〉라고 수기를 하셨으니 그는 죽어서 어느 나라에 태어나겠습니까?"

도솔천의 장엄

이에 부처님은 우바리에게 말씀하셨다.

"잘 들어라. 이 사람은 지금부터 12년 후에 목숨을 마치고 반드시 도솔천에 왕생할 것이다."

부처님은 이렇게 답변하시고 도솔천의 장엄한 모습을 자세히 묘사하셨다.

"그때 도솔천에는 5백만억의 하늘사람이 있어 모두 아주 깊은 보시바라밀을 닦았는데, 일생보처보살을 공양하기 위하여 하늘의 복력(福力)으로 궁전을 마련하고자 하여 각자의 전단마니보관을 벗어 미래세에 성불의 수기 받기를 발원하니 그 자리에서 이들 보관은 5백만억의 보궁으로 변한다. 보궁마다 일곱 겹의 담이 있고, 담마다 칠보로 이루어지며, 보배마다 5백억의 광명을 내놓고, 광명 하나하나에는 5백억의 연꽃이 있으며, 연꽃 하나하나가 변하여 5백억의 가로수가 되고, 나무 잎마다 5백억의 보배빛이 나며, 보배빛 하나하나에서 염부단 금빛이 나고, 염부단 금빛 하나하나에서 5백억의 천녀가 나와 나무 밑에 서서 백억 가지 보배로 된 영락을 손에 쥐고 아름다운 음악을 연주하는데, 그 음악 소리는 모두 불퇴전지(不退轉地)의 법륜행(法輪行)을 연설한다.

그 나무에는 수정빛깔의 열매가 열리고 그 빛깔은 오른쪽으로 돌면서 온갖 소리를 내는데 모두 대자대비의 법문을 연설한다. 5백억의 용왕들이 담을 둘러싸고 용왕마다 5백억의 가로수에 비를 내려 담 위를 장식하고, 바람이 불어 나무들이 서로 부딪쳐 고(苦)·공(空)·무상(無常)·무아(無我)·육바라밀을 연설한다.

그때 그 궁전의 뇌도발제라는 큰 신이 미륵보살을 위한 선법당(善法堂) 짓기를 서원하니, 그의 이마에서 저절로 5백억의 보주가 쏟아져 나와 마흔아홉 겹의 아름다운 보궁이 된다. 범마니보주로 된 난간 사이에서 9억의 하늘사람과 5백억의 천녀가 화생하여 온갖 악기를 들고 노래하며 춤을 추는데 그 노래 소리는 십선과 사홍서원을 연설하니 그것을 듣는 뭇 하늘사람들은 무상도심을 일으킨다.

그때 모든 동산에는 여덟 가지 색의 유리 도랑이 있어 도랑마다 팔미수(八味水)가 흐르고 사대문 밖에는 네 가지 꽃이 화생하는데, 꽃마다 보살처럼 장엄한 아름다운 스물네 명의 천녀가 왼쪽 어깨에는 무량한 영락을 걸치고 오른쪽 어깨에는 무수한 악기를 메고서 마치 구름이 하늘에 머문 듯 물에서 나와 보살의 6바라밀을 찬탄한다. 누구든지 도솔천에 왕생하는 이는 자연히 이들 천녀들의 시중을 받게 된다.

또 칠보로 된 큰 사자좌가 있어 높이가 4유순이며 염부단금과 무수한 보배로 장식되고, 네 귀퉁이에는 네 가지 연꽃이 피어나며, 하나하나의 연꽃에서 나오는 백억 광명은 5백억 보배와 뭇 꽃으로 장식한 장막이 된다. 그때 시방의 범왕(梵王)과 소범왕들은 각기 범천의 보배를 하나씩 가지고 와서 공양하고, 무수한 하늘사람과 천녀들의 권속들은 각기 보배꽃을 가지고 와서 사자좌 위에 깔면 저 모든 연꽃으로부터 5백억 보녀가 생겨 나와 흰 불자를 들고 장막 안에 시립한다. 궁전의 네 귀퉁이에는 보배로 된 기둥이 있는데 기둥마다 백천 누각이 있고 누각 사이에는 백천의 절묘한 천녀들이 악기를 들고 고 · 공 · 무상 · 무아 · 6바라밀을 연주한다.

그때 도솔천궁에 다섯 대신(大神)이 있어 저마다 자기 몸에서 첫째 신은 칠보, 둘째 신은 뭇 꽃, 셋째 신은 전단향, 넷째 신은 여의주, 다섯째 신은 많은 물을 비 내리거나 뿜어내어 궁전을 장식한다."

부처님이 다시 우바리에게 말씀하셨다.

"이것이 십선을 닦은 과보로 얻는 도솔천의 복자리라고 하는 곳이다. 만일 비구나 일반 대중 가운데 누구든지 죽살이를 마다하지 않고 천상에 왕생하기를 좋아하는 이, 위없는 보리심을 사모하는 이, 미륵의 제자가 되고 싶은 이는 마땅히 이렇게 관(觀)해야 한다. 즉 마땅히 오계·팔재계(八齋戒)·구족계를 지니고, 몸과 마음으로 정진하며, 번뇌를 끊으려 하지 말고, 십선법을 닦아 도솔천상의 멋진 쾌락을 일일이 사유해야 한다. 이렇게 관하는 것이 바른 관상법(正觀)이고, 이와 다르게 관상하면 잘못된 관상(邪觀)이다."

미륵의 왕생

그때 우바리가 다시 부처님께 여쭈었다.

"세존이시여, 도솔천상에는 이와 같은 멋진 쾌락이 있다는데 그러면 이 위대한 보살은 언제 염부제에서 목숨을 마치고 도솔천에 태어나겠습니까?"

부처님이 대답하셨다.

"미륵은 먼저 바라나국의 겁바리촌의 바바리라는 위대한 바라문의 집안에 태어났다가 지금부터 12년 후 고향에 돌아가서 2월 15일 결가부좌한 채 멸진정(滅盡定)에 들 듯 도솔천에 오른다. 미륵은 도솔천 칠보대 안에 있는 마니전의 사자좌에 홀연 화생하여 연꽃 위에 결가부좌하고 앉을 것인바, 키가 16유순이며 32상과 80종호를 모조리 갖춘다. 석가비릉가마니와 견숙가보로 꾸민 천관을 쓸 것인 바 그 보관

에는 무량 백천의 화불이 있다. 미륵의 미간에는 백호상광
(白毫相光)이 있고 32상의 상마다 8만4천의 광명운(光明雲)
을 낸다.

　미륵은 많은 하늘사람과 더불어 각각 꽃자리에 앉아서 주
야육시로 항상 불퇴전지의 법륜행을 설하여 수없는 하늘사
람들을 제도한 뒤 염부제의 햇수로 56억만년이 지나서 염부
제에 하생하는데 그것은 하생경에 설해진 바와 같다."

도솔천 왕생의 공덕

　여기에서 부처님은 우바리에게 도솔천에 왕생할 수 있는
여러 가지 인연을 열거하신다.

　"내가 열반에 든 뒤에 나의 제자들 가운데 만약 부지런히
정진 노력하여 많은 공덕을 쌓고, 위의(威儀)에 흠이 없으
며, 탑을 쓸고 땅을 고루며, 좋은 향과 좋은 꽃으로 공양하
고, (범부는) 듣고 사유하는 삼매에 들고 (성인은) 깊은 선정
에 들며, 경전을 독송하는 등 이런 여섯 가지 일(六事)을 지
심으로 한다면 비록 번뇌를 끊지는 못할지라도 여섯 가지
신통을 얻은 것과 다름이 없게 될 것이며, 마땅히 일심으로
부처님의 형상을 생각하고 미륵의 이름을 불러야 한다.

　이렇게 하는 이들이 잠깐 동안이라도 팔재계를 받아 지니
고, 깨끗한 행적을 많이 닦으며, 크넓은 서원을 일으킨다면
목숨을 마치자마자 눈 깜짝할 사이에 도솔천에 왕생하여 연

꽃 위에 결가부좌하고 앉는다. 그러면 백천 하늘사람들이 천상의 음악을 연주하고 만다라꽃을 머리 위에 뿌리면서 마중을 한다. 이렇게 왕생한 사람들이 미륵보살의 미간의 백호상광을 자세히 보는 순간 90억겁 동안에 지은 생사의 죄가 모두 소멸된다. 그때 미륵보살은 중생의 숙세(宿世)의 인연에 따라 묘법을 설하여 그들의 결심을 굳혀서 무상도심(無上道心)에서 물러나지 않게 한다.

또 이들 중생이 만약 나쁜 업을 깨끗이 하고 위에서 말한 육사법(六事法)을 행한다면 반드시 도솔천에 태어나서 미륵보살을 만나 볼 수 있고, 또 미륵을 따라 염부제에 하생하여 제일 먼저 법문을 들을 수 있으며, 나아가서는 미래세에 현겁(賢劫)의 모든 부처님을 만나보고, 다음의 성수겁에서도 모든 부처님을 만나 성불의 수기를 받게 된다.

내가 멸도한 뒤 비구·비구니·우바이·우바새 등 사부중과 하늘사람·용·야차·건달바·아수라·가루라·긴나라·마후라가 등 천룡팔부 가운데 만약 위대한 미륵보살의 이름을 듣고 환희·공경·예배하는 이가 있다면 이 사람도 도솔천에 왕생할 수 있다는 것은 앞에서 말한 바와 같다. 단지 미륵의 이름만 듣는 이도 죽은 뒤에 어둠침침한 곳이나 변두리, 삿된 소견이나 나쁜 행실에 빠지지 않고 항상 바른 소견을 가진 집안에 태어나서 삼보를 헐뜯지 않게 된다.

만약 선남자나 선여인이 계율을 범하고 많은 악업을 지었더라도 이 미륵보살의 대자대비한 이름을 듣고 오체투지하여 지심으로 참회한다면 모든 악업이 빠르게 맑아진다. 또 미래세의 중생들이 미륵보살의 대비(大悲)한 이름을 듣고 그 형상을 만들어 세우고, 향·꽃·의복·일산·깃발 등으로 공양·예배하고 마음에 새긴다면 이 사람은 임종시 미륵보살과 많은 하늘사람들의 마중을 받아 순식간에 도솔천에 왕생하여 미륵을 만나 법문을 듣고 무상도에서 물러나지 않는 경지를 얻게 된다.

미륵보살은 미래세에 중생을 위한 크나큰 귀의처가 될 것인즉 만약 이 미륵보살에게 귀의하는 자가 있다면 그도 무상도에서 물러나지 않게 될 뿐만 아니라 미륵보살이 부처가 되는 날 이 사람은 부처님의 광명을 보는 순간 성불의 수기를 받는다.

내가 멸도한 뒤에 사부제자와 천룡귀신이 만약 도솔천에 왕생하기를 원한다면 마땅히 이렇게 관하고 일심으로 사유해야 한다. 즉 도솔천을 생각하고 모든 계율을 지키며 하루내지 이레 동안이라도 십선을 생각하고 십선을 행하여야 한다. 이 공덕을 회향하여 미륵 앞에 왕생하기를 원하는 이는 마땅히 이렇게 관해야 한다. 이렇게 관하는 이가 만약 한 사람의 하늘사람을 보거나 한 송이의 연꽃을 보고 한 찰나에도 미륵의 이름을 부른다면 이 사람은 1,200겁 동안의 생사의 죄를 소멸 받고, 단지 미륵의 이름을 듣고 합장·공경만하더라도 이 사람은 50겁 동안의 생사의 죄를 면죄 받으며, 만약 미륵에게 경례하는 이가 있다면 100억겁 동안의 생사의 죄를 소멸 받고, 설사 도솔천에 왕생하지 못한다 하더라도 미래세에 용화보리수 밑에서 미륵을 만나 무상도심을 일으키게 된다."

마무리

부처님께서 이 말씀을 마치시자 무량대중이 자리에서 일어나 부처님 발에 엎드려 절하고 미륵의 발에도 절한 다음 부처님과 미륵보살을 오른쪽으로 백천 번 돌고 또 돌았다.

이상이 간추린 상생경의 내용입니다. 도솔천의 장엄에 대한 묘사는 너무 환상적이어서 황당한 느낌마저 들 지경입니다. 터무니없는 숫자, 흔하디흔한 칠보, 연꽃, 광명, 천녀와 악기, 호화찬란한 건물과 시설 등은 사실 관경(觀經)이 정토를 묘사할 때 항상 쓰는 관용적인 문구라고 이해할 필요가 있습니다. 우리를 관념의 세계로 이끌기 위한 수단이기 때문입니다.

도솔천은 내원과 외원으로 나누어진다고 이미 앞에서 말씀드렸습니다. 내원은 미륵보살이 머무르면서 천중들에게 설법을 하는 곳으로 도솔정토라고 부르는 곳입니다. 외원은 일반 하늘사람들(天子)이 거처하는 곳입니다. 경 중에서 500만억 천자들이 각각 전단마니 보관을 벗어 만든 일곱 겹의 담이 둘러싸고 있는 500만억의 보궁이 외원이고, 뇌도발제라는 대신(大神)이 서원하여 500억 보주로 만든 마흔아홉 겹의 미묘한 보궁이 내원인 것입니다.

도솔정토는 미륵보살이 일생보처보살로서 주야6시로 천중들에게 법문을 설하고 있는 곳이므로, 그 곳은 말하자면 법문을 듣고 법문을 묻는 하나의 거대하고 화려한 법당인 셈입니다. 분위기 또한 법당다워 천녀 · 악기 · 나뭇잎 ·

물·빛깔 등의 온갖 소리마저 쉴 사이 없이 법문을 연설하는 곳입니다.

도솔천에 왕생하는 궁극적인 목표는 일단 그 곳에 왕생하면 누구든지 즉각 미륵보살을 친견하고, 그의 미묘한 법문을 듣고 무상도심에서 물러나지 않는 불퇴전의 자리를 얻음은 물론 미륵이 염부제로 하생할 때 미륵을 따라 하생하여 인간정토의 건설에 동참하는 데 있습니다.

이 경에서 언급된 미륵보살의 사람됨 또는 풍도에 주목할 필요가 있습니다. 첫째는 아난이 내린 미륵의 품평입니다. 아난은 부처님께서 미륵이 장차 부처가 된다고 하자 의아스러운 듯 항의조로 말합니다.

"미륵은 범부의 몸 그대로이며, 아직 때를 벗지 못했고, 선정도 제대로 닦지 않아 번뇌를 끊지 못했습니다(其凡夫身 未斷諸漏 不修禪定 不斷煩惱)."

다음은 관법과 도솔천 왕생의 공덕을 설한 부처님의 말씀 가운데 이런 대목이 있습니다.

"죽살이를 싫어하지 않고 천상에 태어나기를 좋아하는 이와 무상보리심을 사모하는 이는 마땅히 번뇌를 끊으려 하지 말고, 십선법을 닦아야 한다(不厭生死樂生天者 愛敬無上菩提心者 應不求斷結 修十善法)."

이러한 아난과 부처님의 말씀은 미륵사상을 이해하는 데 매우 중요한 단서가 됩니다. 미륵은 일부러 선정을 닦아 번뇌를 끊으려고 하지 않은 것입니다. 범부의 몸 그대로 있으

면서 자기 자신의 해탈을 뒤로 미루고 중생을 교화하고 이
익 되게 하여 인간정토를 건설하겠다고 염원하였기 때문입
니다. 윤회를 끊어서 생사를 뛰어넘으면 그것은 이미 성불
한 것입니다. 죽살이를 싫어하지 않고 천상에 태어나기를
좋아한다는 말은 오욕이 기승을 부리는 사바세계에 인간으
로 남아 산다는 말입니다. 부처님은 우리들에게 인간세계에
남아서 살더라도 성불의 길인 무상보리심을 사모하는 마음
만은 간직하고서, 애써 번뇌를 끊으려 하지 말고 살기 좋은
인간정토의 건설을 위하여, 행하기 쉬운 일상의 윤리 즉 십
선을 닦는 데 신경을 쓰라고 주장합니다. 이것은 미륵도가
실천하기 어려운 난행도(難行道)가 아니라 행하기 쉬운 이
행도(易行道)라는 것을 분명히 가리키고 있는 것입니다.

　이 상생경에는 도솔천에 왕생할 수 있는 공덕을 언급한
곳이 다섯 군데가 있습니다. 그 대목이 워낙 장황하여 간단
하게 정리해 보았습니다. 하나는 제자가 육사법을 닦아 왕
생하고, 둘은 팔부중이 이름을 듣고 기뻐하여 왕생하며, 셋
은 선남선녀가 범한 계를 참회하여 왕생하고, 넷은 귀의하
면 물러남이 없고 해탈을 얻으며, 다섯은 사부제자가 왕생
을 원하여 열 가지 선행을 닦고 이름을 부르고 공경하는 등
의 일을 행하면 죄를 면제받는다는 것입니다.

　마지막으로 팔재계에 대한 설명이 남았습니다. 팔재계란
재가신자인 우바새와 우바이가 육재일(六齋日)에 몸과 마
음을 삼가고 일상의 행동을 반성하며 불자로서 정진하기 위
하여 지키는 출가의 계행을 말합니다. 여덟 가지 금지 사항
이 있기 때문에 팔재계라고 부르며, 아라한에 버금가는 종

교 생활이기에 근주계(近住戒)라고도 부릅니다. 육재일은 매월 음력으로 8 · 14 · 15 · 23 · 29 · 30일입니다. 여덟 가지 계행은 보통 불자의 기본오계에 사미십계 중에서 세 개를 골라 여덟 가지로 한 것으로 그 내용은 다음과 같습니다.

1. 산목숨을 죽이지 않는다.
2. 주지 않는 물건을 훔치지 않는다.
3. 간음하지 않는다.
4. 거짓말을 하지 않는다.
5. 술을 마시지 않는다. (이상 오계)
6. 오후에 식사를 금한다.
7. 몸을 단장하지 않으며, 노래하고 춤추거나 풍류를 접하지 않는다.
8. 사치스러운 잠자리를 사용하지 않는다.

이러한 팔재계는 이미 부처님시대부터 행해졌는데 동남 아 불교국가에서는 이 행사를 우포사타(포살)라 부르며 현 재도 실시하고 있다고 합니다.

도솔천과 염부제의 미륵

충북 충주시 가금면에 있는 중원봉황리마애불상군은 강이 내려다보이는 야트막한 햇골산 절벽에 양각된 8구의 불상을 말합니다. 워낙 마멸이 심하여 안내자나 모사도의 도움 없이는 식별이 어렵습니다. 그러나 이 불상군은 미륵반가사유상과 미륵여래상을 주인공으로 하는 두 장면이 묘사되어 있는 드물고도 중요한 마애불상군입니다.

절벽에 설치된 철 난간을 더듬어 한 10m 올라가면 바로 눈앞에 불상이 조각된 바위 면이 나타납니다. 좌우 두 개로 저절로 분리된 바위의 오른쪽에는 반가사유상을 중심으로 한 무리가 있고, 그 왼쪽에는 앉아 있는 여래와 여래에게 공양하는 한 사람의 공양자상이 따로 조각되어 있습니다. 바위 위에 얹혀 있는 천연적인 덮개돌은 비나 이슬로부터 여러 존상을 보호하는 갓 구실을 하고 있습니다.

반가사유상을 중심으로 한 불상군은 본존의 우측에 공양자 입상 1구가 있고, 좌측에 공양자 입상 4구가 배치되어 있어 모두 6구가 조각되어 있습니다. 반가사유상은 비록 머리가 깨져 나갔지만 윤곽만은 뚜렷하고 본존인 까닭에 제일

미륵의 나라

32 중원봉황리마애불상군
충청북도유형문화재 제131호. 반가사유상 상고 1.32m.
충북 충주시 가금면 봉황리 햇골산.

중원봉황리마애불상군 모사도

크게 표현되었습니다. 자세는 전형적인 반가사유상인데 내려디딘 왼쪽 다리가 길고, 구부린 오른쪽 다리와 왼쪽 다리가 직각을 이루어 안정감과 함께 박력이 있어 보입니다. 두 손의 손가락은 또렷이 남아 있습니다.

반가사유상의 바로 좌우에 서 있는 공양자들은 다 같이 두 손을 배 앞에 모으고 있고, 왼쪽에서 두 번째 공양자는 정면을 향해 서서 두 손을 허리께에 대고 있으며, 왼쪽 맨 끝의 공양자는 정면을 향한 채 두 손을 본존 쪽으로 들어 보주 같은 것을 공양하고 있습니다. 반가사유상과 오른쪽 공양자 사이로 얼굴만 내민 인물은 눈동자가 또렷하고 조그맣게 새겼습니다.

왼쪽 바위의 무릎이 떨어져 나간 여래좌상은 상고 61cm로서 역시 본존답게 크게 조각했는데, 통견의 법의를 입고 육계가 높이 솟았으며 전형적인 시무외·여원인을 짓고 있습니다. 그 옆의 공양자는 측면관으로 오른쪽 무릎을 꿇고 앉아 보주 같은 것을 공양하고 있습니다. 이 불상군은 신라 7세기 초의 작품으로 추정됩니다.

생각컨데 오른쪽의 장면은 도솔천에서 골똘히 사유하는 미륵보살을 5명의 천녀들이 공양·찬탄하는 '도솔천상의 미륵보살'을 표현한 것이고, 왼쪽의 장면은 사바세계에 하생하여 정각을 깨친 미륵불을 한 공양자가 공양·찬탄하는 '하생 성불한 미륵불'을 나타낸 것으로 보입니다. 어떤 이는 오른쪽 장면을 인간세계에 하생한 미륵보살이 중생의 고뇌를 나의 고뇌라고 관하며 괴로워하는 것을 그린 것이라고 하나 미륵의 주변에 여러 여인상이 보이는 경우는 대개 도솔천상의 천녀를 가리키는 것이고, 만약 하생한 미륵 태자의 수하사유상이라면 조용히 혼자 사유하는 상이라야 할 것입니다.

봉황리마애불상군은 미륵 삼부경을 한 장면에 형상화한 우리나라에서는 보기 드문 구도이며 축제 분위기까지 느껴지는 명랑한 광경입니다.

이 불상군에서 남쪽으로 약 50m 더 들어가면 아늑한 공지에 혼자 따로 고부조된 마애불상이 있습니다. 두 무릎의 폭이 엄청나게 크고, 머리 주변의 화불 5구가 두광 구실을 하고 있는 고졸한 불상인데 앞의 불상군에 매료된 탓인지 이 불상도 자꾸만 하생한 미륵불로 보입니다.

전남 나주에 가면 불두사란 절이 있습니다. '금당산불두사(錦堂山佛頭寺)' 라는 편액이 걸린 일주문을 들어서면 용화보전 안에 석불좌상이 좌정하고 있습니다. 육계와 삼도를 갖추고 편단우견 차림으로 결가부좌했는데 드물게 보는 항마좌(降魔坐)의 좌법을 취하고 있습니다. 석고 도색이 되어 있으나 넓은 하관과 당당한 체구가 시무외인을 지은 오른손과 잘 어울려 후덕한 인상을 풍기고 있습니다. 석불을 모시고 있는 용화보전은 팔작지붕의 3간 집인데 그 기둥에 걸려 있는 주련의 글귀가 자꾸만 눈길을 끕니다.

33
나주불두사미륵불좌상
비지정. 고려시대 작품.
상고 1.10m.
전남 나주시 청동 불두사(佛頭寺)

六時說法無休息 (육시설법무휴식)

三會度人非等閑 (삼회도인비등한)

切念勞生沉五濁 (절념노생침오탁)

今宵略暫到人間 (금소약잠도인간)

육시로 설법하여 쉴 사이 없고

삼회의 중생 제도 무량하시다.

오탁에 빠진 중생 불쌍히 여겨

오늘밤 잠시나마 강림하소서.

육시설법(六時說法)은 도솔천의 미륵보살을 가리킨 것이
고, 삼회도인(三會度人)은 하생한 미륵불의 용화삼회를 가
리킵니다. 이 미륵의 주련은 사찰의 용화전이나 미륵전에
흔히 걸려 있습니다.

매향(埋香)에 부치는 소원

과거 우리나라에 매향(埋香)이라는 의식이 있었습니다. 향나무를 오랫동안 땅에 묻어 두었다가 침향(沈香)을 만들어 도솔천이나 사바세계에 왕생하여 미륵을 친견하고 그 법문을 듣기를 비는 의식인데 일본에서 유행했던 매경(埋經)과 맥을 같이하는 것입니다. 이 의식은 왜구의 창궐이 심하고 나라가 정치적, 사회적으로 불안하던 고려 말, 조선 초에 주로 해안지방에서 유행하였습니다. 이 매향의식의 발원 · 시기 · 장소 · 단체 등을 기록한 비문이 매향비인 것입니다. 매향비는 보통 돌에 새겼는데 세운 지점은 하나같이 좋은 침향을 만들어 내는 최적지로 알려진 민물과 바다가 만나는 합수처에 자리 잡고 있습니다.

현재까지 알려진 매향비는 여럿 있지만 그 중에서
도 경남 사천시 곤양면 홍사리에서 발견된 사천매향
비(보물 제614호)는 비교적 장문인데다 내용도 훌륭
한 금석문 자료입니다. 비문은 화강암의 자연석에 새
겼는데 모두 15행 204자로 한 자만 마멸되었을 뿐 전
문이 판독 가능한 완전한 비문입니다. 홍사리의 매향
처는 현지 사람들은 '상무러기' 라 불러왔는데 이것은
'향무더기' 가 와전된 사투리입니다. 발원 내용은 먼
저 미륵이 하생시 용화삼회에 동참하기를 빌고, 다음
에 도솔천 내원궁에 왕생하였다가 미륵을 따라 하생
하여 용화법회에 참석하기를 빌고 있습니다. 아래에
전문을 번역해 옮깁니다.

사천매향비문

천 사람이 계(契)를 맺어 향을 묻고 발원하는 글

무릇 위없는 묘과(妙果)를 얻기를 원한다면 반드시 행(行)과 원(願)을 닦되 서로 도움이 되도록 함께 닦지 않으면 안 됩니다. 행만 있고 원이 없으면 그 행은 반드시 외롭고, 반대로 원만 있고 행이 없으면 그 원은 허망한 것이 됩니다. 행이 외로우면 보과(報果)가 죽고, 원이 허망하면 복덕의 질이 떨어집니다. 행과 원의 두 가지 일을 한 쌍으로 굴려야만 비로소 묘과를 얻을 수 있습니다.

소승은 향도 수천 사람과 더불어 크게 발원하여, 침향목을 땅에 묻고 자씨(慈氏)의 하생을 기다렸다가 용화삼회에 이 향을 가지고 달려가 미륵여래께 바쳐 공양하고, 청정한 법문을 듣고, 무생법인(無生法忍)을 깨달아 불퇴전지를 이루고자 합니다.

원컨대 함께 발원하는 모든 사람이 하나도 빠짐없이 도솔천 내원궁에 왕생하여 불퇴전지를 증득(證得)하고, 자씨여래께서 보시고 우리들이 내세에 이 나라에 태어나서 그 법회에 참석하여 법문을 듣고 도를 깨달아 일체를 두루 갖추어 정각을 이룰 수 있도록 미리 수기하여 주소서.

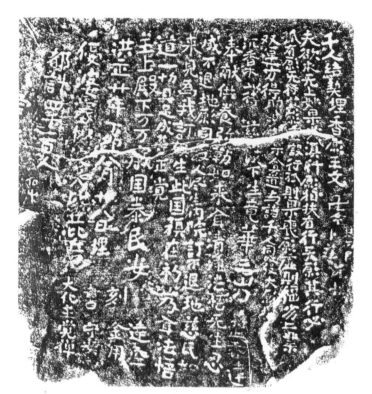

사천매향비문 탁본

  주상전하의 만수무강과 나라의 태평 그리고 백성의 안녕
을 비옵니다.

  홍정(洪正) 20년(1387년, 고려 우왕 13년) 정묘 8월 28일
에 묻고, 달공(達空)이 글을 지었으며, 김용(金用)이 새겼고,
수안(守安)이 글을 썼습니다.

  우바새 · 우바이 · 비구 · 비구니 도합 4천 1백인 대표 대
화주 각선(覺禪).

  주상.

사천매향비문은 그 형식이 '주상전 상서'의 형식을 띄고 있어 이채롭습니다. 맨 앞의 발원문의 명칭부터 '임금님께 발원하는 글(願王文)'로 되어 있고, 맨 끝에 '主上(주상)'이 라는 말까지 적어 넣고 있습니다. 모든 것을 임금님의 은덕 으로 돌렸던 고려시대 백성들의 사고방식을 여실히 보는 것 같습니다.

단순한 향나무가 땅에 묻혀서 침향이 되려면 얼마나 장구 한 세월이 걸리겠습니까? 그래도 그때까지 기다리겠다는 깊은 신심과 애절한 심정이 담뿍 배어 있는 비문입니다.

관경의 진면목

상생경의 정식 제목은 불설관미륵보살상생도솔천경(佛說觀彌勒菩薩上生兜率天經)입니다. 즉 '부처님이 말씀하신, 미륵보살이 도솔천에 상생하는 것을 관하는 경' 이라는 뜻입니다. 앞에서도 말씀드렸지만 이 상생경은 여러 미륵경전 중에서 유일하게 '觀(관)' 자가 붙은 관경입니다. 그런데 관경으로서의 상생경의 진면목을 명쾌하게 보여 준 분이 계십니다. 다름 아닌 신라의 원효 스님(617~686)입니다.

원효는 미륵상생경종요(彌勒上生經宗要)라는 주석서에서 우선 관(觀)자의 뜻을 풀이하여, "수행자가 선정에 들어 골똘히 생각하고 살피는 것을 관이라 한다."고 정의를 내립니다. 그리곤 상생경의 성격을 마치 안개를 걷어내듯 속 시원하게 갈파합니다.

"이 경은 바로 관(觀)과 행(行)으로써 인과(因果)로 삼는 것을 그 교리로 삼았고, 사람으로 하여금 도솔천에 왕생하여 영원히 물러남이 없는 경지를 얻게 하는 것을 그 목표로 삼았다."

관은 보통 '보다', '살피다' 의 뜻이지만 불교의 참선이나 명상에 쓰일 때에는 '골똘히 생각하고 살피다.' 는 뜻이 됩니다. 영어로는 visualization, meditation, recollection이 여기에 해당하겠습니다.

그런 다음 원효는 본론에 들어가 관이란 어떤 것인가를 설명합니다.

"관한다는 말에는 두 가지 뜻이 있다. 하나는 도솔천의 의보(依報)인 장엄(莊嚴)을 관하는 것이고, 다른 하나는 미륵보살의 정보(正報)인 수승(殊勝)을 관하는 것이다. 한마음으로 골똘히 관찰하기 때문에 삼매라고 부른다. 그러나 지혜를 닦는 것이 아니고 단지 듣고 사유할 뿐이므로 이것은 그냥 번갯불삼매(電光三昧)라고 부른다. 경안(輕安)이 없는 것은 욕계의 인(因)을 여읜 것이 아니기 때문이다."

원효는 관하는 대상을 도솔천과 미륵보살의 두 가지로 잡고 있습니다. 의보란 간접적인 또는 부수적인 보응이라는 뜻이고, 정보란 직접적인 또는 일차적인 보응이라는 뜻입니다. 도솔천의 장엄을 관하라는 말은 화려하고 웅장한 도솔천의 경관을 떠올려 보라는 말이고, 미륵보살의 수승을 관하라는 말은 먼저 미륵보살의 32상과 80종호를 떠올리고 그다음 미륵보살이 사자좌에서 설법하고 있는 장면을 그려보라는 말입니다.

삼매에는 문혜(聞慧)・사혜(思慧)・수혜(修慧)의 세 가지가 있는데 여기에서 말하는 삼매는 수혜를 빼놓은 문혜와 사혜라는 이야기입니다. 지혜를 닦는 그런 어렵고 고차원적인 삼매가 아니라 아무나 쉽게 할 수 있는 삼매면 족하다는 말을 하고 있는 것입니다. 여기에서도 미륵도의 이행도(易

行道)적인 일면을 읽을 수 있습니다. 원효는 행에 대해서도 설명을 하고 있습니다.

"행한다는 말에도 세 가지 뜻이 있다. 첫째는 미륵이라는 대자비한 이름을 듣고 공경하는 마음으로 과거에 지은 죄를 뉘우치는 것이고, 둘째는 자씨의 이름을 듣고 그 이름이 나타내는 높은 덕을 우러러 믿는 것이며, 셋째는 탑을 쓸고 땅을 고루며 향과 꽃을 공양하는 등의 불사를 행하는 것이다."

여기까지 말한 원효는 이제 한 나무의 식물학적 성장 과정을 예로 들어 관과 행이 엮어 내는 인과 관계를 설명합니다. 위에 말한 두 가지 관과 세 가지 행이 합하여 하나의 뿌리가 되면 거기에서 네 가지 결과가 생깁니다.

첫째는 싹이 터서 줄기가 땅을 여의는 결과요, 둘째는 꽃과 잎이 시원한 그늘을 이루는 결과요, 셋째는 아름다운 꽃이 활짝 피는 결과요, 넷째는 향기로운 열매를 맺는 결과입니다.

첫째 싹이 터서 줄기가 땅을 여읜다는 결과는 과거에 지은 죄를 깡그리 뒤집어 없앴다는 것이니 이것은 첫째 행으로 말미암아 얻은 결과이고, 둘째 꽃과 잎이 시원한 그늘을 이룬다는 결과는 삼악도나 변두리 또는 그릇된 소견에 빠지지 않았다는 것이니 이것은 둘째 행으로 말미암아 얻은 결과이며, 셋째 아름다운 꽃이 활짝 핀다는 결과는 도솔천의 의보와 정보를 얻었다는 것이니 이것은 셋째 행으로 말미암

아 얻은 결과이고, 넷째 향기로운 열매를 맺는다는 결과는
무상도에서 물러나지 않게 되었다는 것이니 이것은 앞에서
말한 두 가지 관으로 말미암아 얻은 결과라는 것입니다.

　이와 같이 관과 행의 인과가 성취되면 무상의 보리는 저
절로 굴러들어 오는 것이니, 이것이 이른바 상생의 결과가
가져다 준 것이라고 원효는 결론을 맺습니다.

미륵의 나라

미륵의 도상을 찾아서

고래로부터 우리나라의 브랜드는 모자와 석
탑이었습니다. 어떤 파란 눈의 여행가는 약
100년 전 우리나라를 가리켜 "조선은 모자의
나라라고 해도 좋을 만큼 모자의 종류가 다양
했다."고 적고 있습니다. 그만큼 각종 모자를
쓴 거리의 사람들이 신기하고 색달리 보였던
것입니다.

위풍당당한 갓 쓴 미륵

한국의 갓 쓴 석불이야 말로 인도 · 중국 · 일본 등 한때 불교가 성했던 그 어느 나라에도 유례가 없는 가장 한국적인 불상입니다. 화려한 보관이나 터번관을 쓴 불상은 있어도 우리나라의 미륵이 쓰고 있는 멋있고 위엄이 있는 갓은 아무리 찾아보아도 없습니다.

우리의 갓 쓴 석불은 과거 불교로 꽃피운 우리 겨레의 정신문화가 남긴 마음의 발자취이자 돌미륵의 지표로서 이 땅의 자랑스러운 이정표입니다. 우리의 조상들은 거기에다 희망을 걸고 과거를 살아 왔고, 현재의 고통과 괴로움을 하소연했으며, 미래의 모든 소원을 빌어 왔던 귀의처요, 버팀목이었습니다.

한 마디로 갓이라고 하지만 거기에는 종류가 참으로 많습니다. 원형 · 방형 · 팔각형이 있는가 하면 벙거지나 패랭이 같은 모양의 것도 있고 또 어떤 것은 층을 이루고 있어 얼핏 보면 탑 같이 느껴지는 것도 있습니다. 현재 남아있는 갓 쓴 석불 중 오래된 것은 대체로 고려시대에 만들어졌습니다. 미륵은 보살이나 여래의 구별을 하지 않고 갓을 써 왔습니다. 더욱 흥미로운 것은 갓 쓴 불상이 금동불과 마애불에서는 찾아볼 수 없는, 유독 석불에서만 발견되는 현상이라는 것입니다.

그렇다면 우리나라 석불은 왜 갓을 쓰게 되었을까요? 여기서 한 가지 엉뚱한 가설을 세워보고 싶습니다.

인도의 화개(華蓋)가 우리나라에 와서 갓으로 둔갑했을 가능성 말입니다. 경전에 보면 '화개', '산개(傘蓋)', '천관(天冠)' 등의 이름이 나오는데, 이 화개나 산개는 일종의 일산으로 햇볕이나 풍우를 가리는 실용적인 구실도 하지만, 옛날 부처나 제왕 등 귀인의 거동에 따라 다니는 필수적인 신분의 상징물이었습니다. 이 화개는 중국이나 일본에서는 아직도 옛날 간다라 부조에서 보이는 것처럼 불상 위에 양산 모양으로 설치하고 있습니다. 이것이 우리나라로 건너와서는 불상 위에 화개 대신 '닫집'이라는 집의 모형으로 매달리게 됩니다.

절집의 전각 안에 머물러 있던 미륵이 민중을 찾아 야외로 나가게 되면서 전각의 닫집 대신 부처님의 신분과 위용을 드러낼 무엇인가가 필요했을 것입니다. 이때 그 대용물로 자연스럽게 떠올린 것이 갓이 아니었을까요? 그것은 말하자면 일종의 휴대용 닫집이라고 할 수 있으니까요. 마애불의 경우 자연석이나 다듬은 돌을 따로 암벽에 꽂거나 그냥 바위 위에 얹어 갓 구실을 하게 한 예를 보면 이러한 심증은 더욱 굳어집니다.

우리나라의 산야에서 만나는 갓 쓴 석불은 하나같이 미륵입니다. 그러나 모든 미륵이 갓을 쓴 것은 아닙니다. 갓을 쓴 미륵도 있고 갓을 안 쓴 미륵도 있습니다. 그러나 갓 쓴 석불은 거의 모두가 미륵입니다. 약사여래가 갓을 쓴 경우도 가

끔 있는데 이것은 미륵의 화신으로 보고자 합니다. 그렇다면 갓은 미륵을 다른 부처와 차별화하기 위한 표지(標識)로 밖에 이해할 수 없는데 아무 부처나 쓸 수 있는 것을 왜 유독 미륵만이 쓰게 되었느냐는 의문은 여전히 남습니다.

경기도 여주에 있는 원적산 대성사(大成寺)는 현재 인법당과 산신각 그리고 요사채가 있을 뿐이지만 인법당 안에 한 방 가득히 근엄하게 좌정한 미륵불을 보면 경악을 금치 못합니다. 여주포초골미륵좌불은 네모난 두툼한 갓을 쓰고 있는데 비만한 체구와 멋있게 어울려 당당한 위풍을 자아내고 있습니다. 갓 밑에는 연꽃무늬가 새겨져 있고, 미륵불은 통견의 법의를 입고 결가부좌하여 항마촉지인을 짓고 있습니다. 아름다운 대좌의 8각 중대석에는 불보살을 양각하였고 하대석에는 복련을 새겼습니다.

34
여주포초골미륵좌불
경기도유형문화재 제35호.
고려시대. 상고 1.77m. 총고 2.99m.
경기도 여주군 금사면 외평리 대성사.

경기도 용인에 있는 미평리약사여래입상은 마을 한복판에 있는 미륵당에 자리 잡고 있습니다. 머리 위에 자연석의 방형갓을 이고 있는 여인상의 장육불상(丈六佛像)입니다. 오른손을 가슴에 대고 왼손은 가슴 앞에서 보병 혹은 약호 같은 것을 들었으니 조형상 약사여래상이라 하겠습니다. 갓을 썼거나 혹은 쓰지 않은 약사여래의 형상을 한 미륵은 이곳 말고도 더러 있습니다. 발목 이하는 땅 속에 묻혀 있으니 땅 속에서 솟아오르는 소위 '지중용출(地中湧出)'의 인상을 줍니다.

이 거룩하고 우람한 불상 앞에서 우연히도 작년 여름에 만났던 그 할머니를 다시 만났습니다. 작년과 똑같이 잘 익은 수박 한 덩이를 차려놓고 빌고 있었습니다.

"서울로 이사 가신다더니 안 가셨어요?"

전에 들었던 이야기가 생각나서 물어보았습니다.

"이사를 갔지만 이 미륵님께 빌면 좋은 일이 있어서 또 왔지요."

할머니는 마을에 살 때에도 해마다 여름이면 가장 좋은 수박으로 공양을 올려 왔다고 합니다. 참으로 구수한 고향의 정취를 느끼게 하는 운 좋은 만남이었습니다. 아무리 기복신앙이라고는 하나 돌미륵에 대한 우리 선조들의 신앙 또한 그러했으려니 하고 생각하니 숙연해지기까지 했습니다.

35 용인미평리약사여래입상
경기도문화재자료 제44호. 고려시대. 상고 4.30m.
경기도 용인시 원삼면 미평리.

36 안성기솔리석불입상
경기도유형문화재 제36호.
고려시대. 상고 5m.
경기도 안성시 삼죽면 기솔리 쌍미륵사.

경기도 안성에 있는 기솔리석불입상은 쌍미륵사 안에 있는 장육의 쌍미륵입니다. 둘 다 통견의 법의를 입고 오른쪽 미륵은 방형갓, 왼쪽 미륵은 원형갓을 쓰고 있습니다. 수인은 두 미륵 다 같이 오른손은 시무외인, 왼손은 여원인을 짓고 있으나 엄지와 집게손가락을 맞대고 있습니다. 오른쪽 미륵은 왼손에 약호를 들고 있습니다.

　도상상으로는 약사여래지만 갓을 쓰고 있는 경우가 더러 있다고 말씀드린 대로, 이것은 미륵의 화신으로 해석할 수밖에 없습니다. 이 고장에서는 방형갓은 남성, 원형갓은 여성이라 부른다 하니 파주 용미리의 쌍미륵과 정반대여서 헷갈립니다. 도솔산 쌍미륵사는 법상종 총본산을 겸하고 있습니다.

　충북 충주의 원평리미륵석불은 커다란 팔각형 갓을 쓰고 있습니다. 통견의 법의를 입고 연화대좌 위에 서서 오른손을 가슴 한가운데 대고 손바닥을 안으로 했으며, 왼손은 배 아래에 대고 손바닥을 안으로 했습니다. 위엄이 넘치는 이 미륵은 조각도 뛰어난 고려시대의 작품입니다. 불상 앞에

37 중원원평리미륵석불
충청북도유형문화재 제18호. 상고 4.05m, 총고 6.10m.
충북 충주시 신니면 원평리.

돌로 만든 배례석(拜禮石)이 있어 이채롭습니다. 불상에서
조금 떨어져 나란히 서 있는 삼층 석탑은 3층 지붕돌이 없어
졌으나 높은 2층 기단의 남북 양 면석에 대형 향로가 얕게
부조되어 있는데 이런 일은 드문 일이라 흥미롭습니다. 이
일대는 1182년(고려 명종 12년)에 창건되었다가 조선 태조
(1392~1398) 때에 폐사된 숭선사(崇善寺)의 터라고 합니다.

충남 부여의 정림사지에는 유명한 오층 석탑과 석불좌상
이 남아 있습니다. 이 불상이 지금은 보호각 안에 모셔져 있
지만 가까이 가서 그 옆에 서 보면 대좌와 석불의 거창함에
새삼 놀라고 압도당합니다. 이 석불은 머리에 벙거지형 갓
(후대의 것이란 설이 있지만)을 쓰고 높은 대좌 위에 앉아있
는데, 마멸이 심하여 희미한 이목구비와 불신의 윤곽만을
알아볼 수 있으나 풍모가 특이합니다. 수인은 전법륜인 또

는 양수내장(兩手內掌)으로
보입니다. 어떤 이는 비로
자나불의 지권인으로 보기
도 하나, 그러려면 두 손의
손등이 일직선을 이루어야
할 것이므로 미륵으로 봄이
타당할 것입니다. 절터 부
근에서 '태평 8년 무진 정
림사 대장 당초(太平八年戊
辰定林寺大藏當草)' 라는
명문이 들어 있는 기와가
발견됨으로써, 1028년(고려
현종 19년)에 중수했으며
절 이름이 정림사라는 것을
알게 되었습니다. 불상의
조성 시기도 이때로 추정하
고 있습니다.

38 부여정림사지석불좌상
보물 제108호. 상고 5.62m.
충남 부여군 부여읍 동남리 정림사지.
(사진 속 인물은 필자부부)

전북 정읍에 있는 망제동석불입상은 속칭 '갓쓴 석불' 혹은 '대암석불'이라고 불려지고 있습니다. 이 미륵이 쓰고 있는 원형갓은 직경이 불상의 키의 절반이나 되는, 엄청나게 큰 갓입니다. 아마 충주의 원평리 미륵석불이 쓰고 있는 팔각갓과 크기가 비슷할 것 같습니다. 통견 차림의 입상으로 엷은 부등변 팔각 대좌 위에 서서 왼손은 시무외인, 오른손은 여원인을 짓고 있습니다.

39 정읍망제동석불입상
전라북도유형문화재 제118호. 고려시대. 총고 4.21m.
전북 정읍시 망제동 대암마을.

미륵당은 여산송씨(礪山宋氏)의 제각(祭閣) 뒤에 있는데 지면이 타원형으로 되어 있고, 주위에 돌담을 돌리고 대나무를 심어 아늑한 성역을 이루고 있습니다. 석불 옆에 삐뚜름히 서 있는 부등변 팔각 석등 하나가 애수어린 불상에 운치를 더해 주고 있습니다.

속칭 '갓바위 부처', 또는 '갓바위 미륵'이라고 부르는 관봉석조여래좌상은 팔공산 관봉(冠峰, 852m) 꼭대기에 좌정하고 있습니다. 석불이 쓰고 있는 갓은 원래 원형갓인데 두 군데가 파손되었습니다. 민머리에 백호와 삼도가 뚜렷하고 통견의 법의를 입고 결가부좌했는데 수인은 항마촉지인을 짓고 있습니다. 어떤 이는 이 불상을 왼손에 약호를 든 약사여래상이라고 합니다.

40 관봉석조여래좌상
보물 제431호. 상고 4.00m.
경북 경산시 와촌면 대한리.

이 팔공산 일대가 신라 때부터 약사신앙처로 알려진
것은 사실이지만, 약호를 들려면 왼손을 좀 더 높이
들고 손가락을 오므려야 하지 않을까 하는 생각이
듭니다.

선본암사적기에 따르면 이 석불좌상은 원광(圓光)
법사의 제자 의현(義玄) 대사가 돌아가신 어머니의
명복을 빌기 위하여 638년(선덕여왕 7년)에 조성했
다고 합니다. 그러나 불상의 양식으로 보아 서기 8
~9세기에 만들어졌다고 보는 것이 학계의 정설
이라고 합니다. 만일 그렇지 않고 갓도 후대에 씌
운 것이 아니었더라면 이 석불은 갓쓴 미륵으로
서는 우리나라 최초의 불상이 될 뻔했습니다.

이 석불은 특히 이목이 수려하고, 이 석불에
정성껏 빌면 한 가지 소원은 꼭 이루어지는 등
영험이 많다고 하여 전국 각지에서 참배하는
신도들로 일년 사시절 붐비고 있습니다.

41 제주도동자복미륵
제주도복신미륵2구.
제주도민속자료 제1호.
상고 3.40m,
제주시 건입동 개인집.

제주도에 있는 복신(福信)미륵은 일명 자복
(資福)미륵이라고도 부르는데 한 쌍의 미륵이
동서로 상당한 거리를 두고 서로 마주보고 있
습니다. 영락없는 제주도의 돌하르방입니다. 동자복미륵은
건입동의 개인집 장독대 옆에 있고, 서자복미륵은 용담동
용화사의 개방식 보호각 안에 있습니다. 둘 다 벙거지형 모
자를 쓰고 왕방울 눈에 코가 크며, 두 손은 모든 돌하르방이
그러하듯 가슴 앞에 나란히 모아 읍하듯 내장했습니다.

서자복미륵은 미륵 옆에 작은 남근석이 있는 것으로 보아 기자(祈子)신앙에 영험이 있는 미륵으로 짐작되며, 고려시대에 조성된 것으로 추정하고 있습니다.

42 제주도서자복미륵
상고 3.20m. 제주시 용담동 용화사.

돌하르방이란 원래 일종의 벅수·장승을 가리키지만 동서 두 자복미륵도 본시 옛 제주읍성의 동문과 서문을 지키는 수문장으로 조성된 것이라고 합니다. 불상 신앙의 목적이 현세의 이익을 비는 데 있듯이, 제주도의 이 두 미륵도 기자신앙을 비롯하여 용왕신앙과 결합되어 해상 어업의 안전과 풍어를 비는 대상으로 예배되고 있습니다.

다양한 자태의 미륵

미륵은 여느 불상과 같이 좌상과 입상을 취할 수 있고 좌상에서는 결가부좌의 자세도 취할 수 있습니다. 그러나 미륵의 좌법에는 결가부좌에 추가하여 다른 불상에서는 볼 수 없는 독특한 자세가 있습니다. 즉 그것은 반가사유상, 교각상, 의상(倚像) 등으로서 그 시원은 모두 인도에 있습니다. 그렇지만 이들 자세는 불상의 발상지인 인도에서는 당초부터 미륵보살이나 미륵여래만을 위한 고유의 자세가 아니었습니다. 아무 보살, 아무 여래나 사용할 수 있는 자세였는데 그것들이 인도에서 서역을 거쳐 중국과 한국에 전달·수용되는 과정에서 미륵의 자세로 편애되고 그렇게 굳어 버렸다는 점에 유의할 필요가 있습니다.

좌상 중에서 가장 흔히 볼 수 있는 앉음새인 결가부좌(結跏趺坐 ; Paryankāsana)는 완전히 책상다리를 하고 앉은 자세 즉 두 다리를 포개어 얹은 자세를 말합니다. 결가부좌의 형식에 두 가지가 있는데 하나는 길상좌(吉祥坐)이고, 다른 하나는 항마좌(降魔坐)입니다. 항마좌는 먼저 오른발을 왼쪽 다리 위에 얹고 다음에 왼발을 밖에서 오른쪽 다리 위에 얹는 것이고, 길상좌는 그와 반대로 왼발을 오른쪽 다리 위에 얹은 다음 오른쪽 발을 밖에서 왼쪽 다리 위에 얹는 것입니다. 좌선할 때의 자세는 항마좌를 취하고, 그 외는 모두 길상좌를 취합니다. 식별하는 방법은 앞에서 볼 때 항마좌는 왼쪽 다리가 노출돼 보이고, 길상좌는 그 반대로 오른쪽 다리가 노출돼 보입니다.

의자나 대좌 위에 앉아 한쪽 다리를 내리고 다른 쪽 다리를 구부려서 내린 다리의 무릎 위에 얹은 자세를 반가좌(半跏坐 ; Ardhaparyankāsana)라 하고, 한쪽 다리를 다른 쪽 다리의 무릎 위에 얹지 않고 자리 위에 편안히 내려놓은 자세를 유희좌(遊戱坐) ; Lalitāsana)라고 합니다. 유희좌는 중부 인도에서 애호된 자세인 반면 반가좌는 거의 전적으로 간다라 지방에서 유행하였습니다. 유희좌는 우리나라에서는 미륵의 자세로 보는 경향이 있습니다. 반가사유상(半跏思惟像, Maitreyasana)이란 반가좌의 자세에서 구부린 다리의 무릎 위에 팔을 괴고 그 쪽 손가락을 뺨에 댄 모습을 말합니다.

반가사유상은 싯다르타 태자와 미륵의 어느 쪽에도 통하는 융통성이 있어서 인도에서는 태자상으로, 중국에서는 태자상과 미륵상으로 조상한데 반하여 우리나라의 삼국에서는 6세기 경에 아예 미륵상으로 조상한 듯 보입니다. 특히 신라에서는 진지왕대에 흥륜사의 진자(眞慈) 스님이 미륵상 앞에서 미륵이 화랑으로 화신하여 이 세상에 출현하기를 발원하여 과연 미륵이 화랑으로 하생하였고, 그 이래로 미륵반가사유상의 제작이 크게 유행했다고 합니다.

중국의 북위(北魏)시대에 유행한 두 다리를 엇거는 교각

미륵상과 북제와 수대에 유행한 의자에 앉아 두 다리를 가
지런히 내려놓은 의상(倚像)은 우리나라에서는 아주 드문
편에 속합니다.

속리산 법주사의 마애여래의상은 청동미륵대불에서 수
정암으로 가는 길목에 있는 거대한 암벽에 새겨져 있습니
다. 화사한 연화대좌 위에 앉아서 두 다리를 밑으로 내려놓
은 의상인데 선가부좌상(善跏趺坐像)이라고도 합니다.
머리는 나발이며 법의는 편단우견 차림입니다. 수인은 두

43
법주사마애여래의상
보물 제216호.
고려시대. 상고 5.00m.
충북 보은군 내속리면
사내리 법주사.

손 모두 엄지와 가운뎃손가락을 맞대고 오른손을 위로 하고 왼손을 아래에 갖다 댄 전법륜인을 짓고 있습니다.

이 마애불은 얼굴이 인자하고 허리가 유난히 잘록하며 연화좌의 연꽃이 큼직큼직해서 좋습니다. 이 의상은 한국에서는 보기 드문 좌법으로서 중국의 예를 따라 통상 미륵으로 간주합니다. 삼국유사의 관동풍악발연수석기(關東楓岳鉢淵藪石記)에 의하면 금산사를 창건한 진표 율사(眞表律師)가 제자 영심 등에게 지시하여, 속리산으로 들어가 길상초가 나 있는 곳을 찾아 절을 짓고 이름을 길상사(吉祥寺)라 하라고 하니, 영심 등이 스승의 분부대로 길상초가 난 곳을 찾아 절을 새로 짓고 처음으로 점찰법회를 열었다고 합니다. 길상사는 법주사의 전신입니다.

전북 남원의 여원치(女院峙)는 해발 470m의 고개로서 덕유산과 지리산의 맥을 잇는 백두대간의 일부입니다. 그 고개를 올라가는 국도변 벼랑 밑에 옆으로 누운 바위에 여원치마애불좌상이 새겨져 있습니다. 이목구비가 반듯하며 표정이 풍만하고 근엄합니다. 수인은 오른손을 들어 내장했는데 가운뎃손가락과 약손가락을 구부려 엄지와 맞댔습니다. 앉은 자세는 결가부좌인 듯하나 오른팔을, 세운 오른다리의 무릎에 의지한 듯한 모습을 보면 윤왕좌(輪王坐 ; Rājalilāsana)일 가능성도 배제할 수 없습니다. 윤왕좌란 왕자의 편안한 앉음새로서 앉은 자세에서 통상 오른다리를 세우고 오른팔의 팔꿈치를 그 무릎 위에 의지하고, 왼팔은 대좌를 짚는 자세를 말합니다.

44 남원여원치마애불좌상
비지정. 후삼국시대. 상고 2.61m.
전북 남원시 이백면 양가리 여원치.

불상 앞에 좌우로 높이 94cm의 석주가 서 있고 그 중간에 상석이 놓여 있는 것으로 보아 불각을 세웠던 흔적으로 보입니다. 마애불의 우측 네모꼴 바위면에는 이 불상에 얽힌 흥미 있는 사연을 적은 명문이 새겨져 있습니다. 이 명문은 극히 최근인 20세기 벽두에 지은 것이지만 구전을 바탕으로 고려 말에 이 고장의 어떤 노파가 이성계 장군에게 황산(荒山)에서 왜구에게 대승하리라고 예언한 전설을 전하고 있습니다. 명문에 따르면 이 마애불상은 지리산 산신인 여신을 형상화한 것이라고 합니다.

대첩의 현장은 이곳에서 인월 쪽으로 6.5km 떨어져 있는데 거기에 황산대첩비가 서 있습니다. 이 비는 1380년(고려 우왕 6년)에 도순찰사 이성계(李成桂)가 이두란 장군과 함께 남쪽 여러 지방에 침입하여 살육과 노략질을 일삼던 왜구를 이곳 황산 협곡에서 섬멸하여 대승리를 거둔 것을 기념하기 위하여 약 200년 뒤인 선조 때 세운 것입니다.

운봉여원치마애여래좌상 명문은 1901년 운봉현감이던 박귀진(朴貴鎭)이 지은 것입니다. 이 명문은 여원치라는 땅이름의 유래와 불상을 조성한 동기를 밝히고 불사를 일으켜 다시 전각을 세우게 된 경위를 이야기하고 있습니다. 아래에 그 전문을 번역하여 싣습니다.

운봉여원치마애여래좌상 명문

무릇 이 산은 덕유산에서 시작하여 지리산으로 맥을 잇는 산인데 여원치(女院峙)라고 부르는 이유는 무엇인가? 길가 바위 면에 여인상을 새기고 거기에 전각을 지어서 풍우를 가렸던 모양이나, 지금은 깨진 기와 조각과 주춧돌만 남아 있다. 생각컨대 이로 말미암아 여원치라는 지명을 얻은 것 같다.

그렇다면 그 여인상은 누구의 상인가? 운성지(雲城誌)에 따르면 그 옛날 홍무(洪武) 12년(1379년) 기미년에 조선조 이성계 태조께서 조정의 명을 받아 왜구를 치러 동정(東征)할 제, 이 고개 위에 이르니 한 도 닦는 노파가 대승하는 일시를 알려 주고는 홀연히 자취를 감춰 버렸다. 이것은 곧 산신의 나타나심이 틀림없다 하고 그 모습을 돌에 새겨 전각을 지어 받들어 모시고 숭모의 대상으로 삼아 왔다고 한다. 이곳 어르신들이 전하는 전설이 오백년이 지난 지금까지도

사라지지 않고 전해 내려온다.

그러나 이제 전각은 파괴되고 존상만 남아 풍우가 들이치고 또 이끼가 끼어 그 모습을 가리고 있으니 어찌 한탄하지 않으리오. 나는 이러한 형편을 보고 느낀 바 있어 깨끗이 씻어서 다시 보니 산신의 참모습이 완연히 드러났다. 이에 장인을 불러 전과 같이 초석을 놓고 새로운 마룻대와 들보를 세워서 기와로 지붕을 이고 보니 훤한 본래의 모습이 돌아왔다. 아 슬프다. 흥폐는 운수의 소치에 달렸거늘 어찌 감히 이 작은 성의를 내세워 말할 수 있으리오?

광무 5년(1901년) 신축 7월 일 통정대부(通政大夫)
전 나주진 우영장(右營將)
운봉현감 박귀진(朴貴鎭) 씀

경북 문경에 아주 좋은 마애반가사유상이 있습니다. 그러나 워낙 마멸이 심하여 적절한 광선의 도움 없이는 그 형체를 알아보기 어렵습니다. 처음에는 무엇이 무엇인지 분간할 수조차 없었는데 차차로 그 윤곽을 잡게 되자 그 아름다움에 놀랐습니다. 사진을 몇 번 찍어도 마음에 들지 않았습니다. 세 번을 답사한 끝에 반가상의 얼굴에 햇살이 가장 잘 비추는 시간을 찾아내어 겨우 촬영에 성공할 수 있었습니다. 그것이 그림 45에서 보는 사진입니다.

외딴 바위의 한 면에 새겨진 비만한 체구의 이 사유상은 얼굴과 수족이 토실토실하여 동자 같은 얼굴에 고졸한 미소까지 띄우고 있는 아름다운 불상입니다. 머리에는 높은 삼산관을 썼고 통식과 같이 왼발을 내리 딛고 오른발은 반가

45 문경관음리마애반가사유상
비지정. 상고 1.59m
경북 문경시 문경읍 관음1리.

하였으며, 왼손은 반가한 오른발의 발목을 잡고 오른손으로 턱을 괴고 있는데 손의 위치와 모아 쥔 손가락이 이례적입니다. 네 손가락을 가지런히 모아서 엄지와 함께 턱에 갖다 댔습니다. 두광에는 큰 연꽃 잎 다섯 개를 새긴 것 같고, 오른 손목에는 굵은 팔찌를 둘렀습니다. 대좌와 족대는 확인할 수 없습니다. 신라시대 작품으로 추정됩니다.

이 사유상의 좌향은 서향인데 그 연장선상에는 바위가 노출된 포암산(布巖山)이 보이고 그 아래에는 유명한 충주 미륵사지가 있습니다.

경북 칠곡에 있는 도고산(349m) 중턱의 암벽에는 동북향으로 삼존상과 여래상 1구가 선각되어 있습니다. 삼존상은 1불 2보살 형태인데 모두가 좌상이며 여래 단독상도 좌상입니다. 이 성주노석동마애불상군의 특징은 그 앉은 자세가 다양할 뿐만 아니라 우리나라에서는 드물게 보는 교각좌(交脚坐)와 유희좌(遊戱坐)라는 점입니다. 즉 본존불과 좌협시보살의 좌법은 바위의 박락이 심하여 확인할 수 없으나 우협시보살은 분명히 두 발목을 엇건 교각좌이고, 단독불은 유희좌를 하고 있습니다. 삼존상과 단독불상이 모두 좌상인 점도 이례적인 일입니다.

본존불은 통견의 법의를 입고 연화대좌 위에 앉아 오른손으로 설법인을 짓고 있습니다. 확실한 앉음새는 확인하기 어렵지만 좌협시보살 또한 앉은 채 오른손에 연꽃을 들고, 왼손에 연봉이 달린 연꽃 줄기를 들고 본존불에 공양하고 있습니다. 우협시는 교각좌를 하고 오른손을 들어서 본존불

46 성주노석동마애불상군
보물 제655호. 본존불 상고 1.70m.
경북 칠곡군 기산면 노석리 도고산(道高山).

마애불상군 모사도

쪽을 가리키는 듯한 시늉으로 손바닥을 아래로 하고 있고, 왼손으로는 보주 같은 것을 본존불에 공양하고 있습니다.

단독불은 통견의 법의를 입고 연화대좌 위에 유희좌를 하고 설법인을 짓고 있는 듯합니다. 7세기 후반 통일신라시대의 작품입니다. 이 마애불상군의 암벽은 불그스레한 빛깔을 띠는 듯이 보이는데, 마을사람들의 구전에 따르면 원래는 적 · 청 · 녹색으로 채색이 되어 있었던 것이라고 하므로, 그렇다면 채색을 했던 마애불의 귀한 예가 될 것입니다.

삼국유사를 보면 신라 선덕왕 때 생의(生義) 스님이 한 돌미륵을 파내어 삼화령(三花嶺)에 안치했으며, 충담사(忠談師)가 매년 3월 3일과 9월 9일에 차를 달여서 공양했다는 기사가 실려 있습니다. 그 기록의 주인공으로 추정되는 미륵이 바로 국립경주박물관에 있는 삼화령미륵입니다. 이 삼존상은 그 모습이 순진무구하고 예뻐서 '애기부처'라는 별명으로 더 잘 알려져 있습니다. 이 삼존상의 가치는 본존불이 의자에 걸터앉은 의상이라는 데 있습니다. 이 의상은 중국에서 많이 조상되었으며 그 조상명문에 의해 미륵불로 확인된 자세입니다.

본존불은 민머리에 육계가 복발형으로 솟았으며 법의는 통견으로 차려 입고 약간 뒤틀린 타원형 연화대좌 위에 의자를 놓고 걸터앉았습니다. 오른손은 무릎 위에서 설법인을 지었고 왼손은 무릎 위에 놓고 상장(上掌)한 채 옷자락을 쥐었습니다. 가슴 한가운데 희미하게 거꾸로 된 만자(卍)가 새겨져 있습니다. 크기와 양식이 거의 같은 두 협시보살은 키

47 경주남산삼화령미륵삼존상
비지정, 본존 총고 1.60m.
경북 경주시 인왕동 76번지 국립경주박물관.

가 작은 입상들로서 좌협시는 오른손을 가슴에 들어 연봉을
들었고, 왼손은 배에 댔습니다. 우협시는 오른손을 배에 대
고 왼손은 어깨 높이까지 들어 경문을 들었습니다. 제작 연
도는 생의사가 창건된 644년(신라 선덕왕 13년)으로 추정하
고 있습니다.

경주 남산의 신선암마애보살반가상은 칠불암 위쪽에 자
리잡고 있는 바 깎아지른 듯한 벼랑 끝 남향한 바위 면에 얕
은 감실을 파고 거기에 돋을새김을 한 보살상입니다. 삼산
보관을 쓰고 귀고리·목걸이·팔찌 등 장신구를 갖추고 상
현좌(裳懸座) 위에 유희좌를 하고 앉아 깊은 명상에 잠겨
있습니다. 이 유희좌는 오른발을 내리고 왼발은 대좌 위에

올려놓은 앉음새입니다. 이 자세를 반가상이라 함은 잘못입니다.

결가부좌의 자세에서 한 발을 풀어 놓은 자세가 반가좌이며, 결가부좌를 모두 풀어 버린 자세는 유희좌가 됩니다. 오른손은 가슴 앞에서 보상화를 들었고 왼손은 가슴 높이로 들어 외장(外掌)한 채 가운뎃손가락과 약손가락을 구부려 엄지와 맞댔습니다. 보살의 두 어깨 위에는 수발이 둥근 꽃 장식 모양으로 얹혀 있습니다.

재미있는 것은 내려디딘 오른발이 반가사유상에서나 볼 수 있는 화려한 연꽃족좌를 밟고 있고, 보살이 앉은 상현좌를 두꺼운 구름이 떠받치고 있다는 것입니다. 구름이 떠받치고 있다면 이 보살이 천상에 있음을 뜻합니다. 그렇다면 이 보살은 도솔천에서 천중들에게 설법하면서 염부제에 하생할 날을 기다리고 있는 미륵보살이 아닐까요?

이 보살상은 보살상의 본보기로 삼아도 될 만큼 상현좌 위의 앉음새는 물론 보관과 온갖 장신구, 천의와 광배 등을 두루 갖추고 있습니다.

48 신선암마애보살반가상
보물 제199호.
8세기 후반(통일신라). 상고 1.40m.
경북 경주시 건천읍 송선리 신선사(神仙寺).

충북 영동에 있는 신안리석불입상은 첫인상이 이집트의 투탕카멘을 연상시키는 석불입니다. 그것은 석불과 원형 두광을 하나로 붙여서 만들었기 때문입니다. 얕은 보관을 썼는데 보관과 얼굴을 구분하는 띠가 두광까지 연장되어 있습니다. 하체가 매몰되어 있는 지중용출불입니다. 오른손은 아래로 내렸고 왼손은 배 위에 들어서 손바닥을 안으로 한 채 연꽃 가지를 들었습니다.

미륵의 나라

49
영동신안리석불입상
비지정. 고려시대.
현상고 2.18m.
충북 영동군 추풍령면 신안리.

국립청주박물관에 있는 미륵보살반가석상은 충남 연기 비암사(碑巖寺)를 중심으로 그 주변에서 발견된 총 일곱 개의 비상 중의 하나입니다. 총고 41cm의 작은 납석제 불상이지만 거기에 조각된 내용이 다양한 요소를 담고 있어서 흥미롭습니다.

이 비상은 앞에서 보면 T자형을 이루었는데 덮개돌·비신·대좌의 세 부분으로 구성되어 있습니다. 비신부는 좌우 모서리에 둥근 기둥을 세워 감실을 형성했고, 정면에 반가상을, 양 측면에 보살입상 각 1구를, 뒷면에는 특이한 형태의 탑 모양 하나를 새겨 놓았습니다. 야위고 길쭉한 인상을 주는 반가상은 상반신을 벗고 삼면관을 썼는데 두 가닥의 수발이 무릎까지 길게 늘어졌으며 목에는 짧은 목걸이를 걸쳤습니다. 왼손으로 반가한 오른쪽 다리의 발목을 잡고 오른손을 얼굴에 대는 통식의 반가사유의 자세를 취하고 있으며, 몸·팔·다리가 가늘고 길며 하체가 이례적으로 오른쪽을 향하고 있습니다. 왼쪽으로 치우친 큼직한 연꽃족좌 위에 발가락이 선명히 보입니다. 머리 위에는 천개가 있고 보주로 꾸민 장막 같은 것이 있습니다. 보살의 좌우에는 두 단의 일산 같이 생긴 장식이 드리워져 있습니다.

덮개돌에는 나뭇가지가 얽힌 형상이 조각되었습니다. 대좌부에는 큼직한 향로를 가운데 두고 그 좌우에 꿇어앉아 공양하는 공양자상이 있습니다. 비상의 좌우 측면에는 형식이 동일한 보살입상이 각 1구씩 정면을 향해 서서 두 손으로 보주를 공양하고 있고, 그 아래 대좌부의 측면에도 전면을 향해 꿇어앉아 합장한 공양자상이 있습니다.

50
비암사보살반가상
보물 제368호.
충북 청주시 상당구 명암동 국립청주박물관.

비상 뒷면에 새겨진 탑의 모양은 2중 기단 위에 타원 3실 모양이 있고 그 위에 다시 평판이 있는데 높낮이가 다른 세 개의 상륜찰주가 박혀 있습니다.

이 비상에 묘사된 천개·원주·장막·공양자상 등은 도솔천상의 내원궁을 방불케 합니다. 이 비상과 함께 발견된 계유명전씨아미타삼존상(癸酉銘全氏阿彌陀三尊像)이 673년(신라 문무왕 13년)에 조상되었으므로 이 반가사유상도 그때의 제작으로 추정됩니다. 앞에서 다룬 연화사무인명석조반가사유상과 마찬가지로 백제가 멸망한 직후 백제의 유민이 백제 땅에서 만든 불상입니다.

전남 담양의 무정면에 가면 국도변에서 불과 30m 떨어진 낮은 언덕배기에 오롯한 불상 하나가 서 있습니다. 광배 위에 놓인 반원형 천개가 풍우를 막는 갓 구실을 하고 있습니다. 민머리에 육계와 삼도를 갖추고 법의는 통견으로 입었습니다. 수인은 왼손은 시무외인, 오른손은 여원인입니다.

51 담양오룡리석불입상
비지정. 고려시대. 총고 3.00m.
전남 담양군 무정면 오룡리.

전남 해남에 있는 대흥사(大興寺)의 북미륵암에는 상고 4.85m의 거대한 마애여래좌상이 있습니다. 이 마애불은 2004년에 용화전 건물이 해체되면서 그 전모가 밝혀져 새로이 각광을 받게 되었을 뿐만 아니라 문화재의 분류에서도 보물 제48호에서 국보 제308호로 격상되었습니다. 거대한 암벽에 양각된 마애불은 법의를 통견으로 입고 연화대좌 위에서 결가부좌하고 항마촉지인을 짓고 있습니다. 풍만한 육체에 온후함이 넘칩니다. 특이한 것은 광배의 네 구석에 공양하는 비천상을 새긴 점입니다

마애불 광배의 우하단 비천상

52
대흥사북미륵암마애여래좌상
국보 제308호.
고려전기. 상고 4.85m.
전남 해남군 삼산면 구림리
대흥사 북미륵암.

비천상은 네 구석에 각 1구씩 좌우대칭으로 배치되었으며 모두 한쪽 무릎을 꿇고 앉아 한쪽 손으로 연봉 혹은 보주를 부처님에게 받치고 있습니다. 아래쪽의 두 비천은 부처님을 쳐다보고 있고, 위쪽의 비천들은 정면을 바라보고 있습니다. 특히 우하단의 비천상이 비교적 또렷하고 자태가 볼 만합니다.

마애불이 있는 용화전 우측 후방으로 30m쯤 되는 곳에는 삼층석탑(보물 제301호)이 서 있는데, 이와 똑같은 형태의 석탑이 동쪽 산등성이에도 서 있어 동서로 대칭을 이루고 있습니다. 그런데 흥미로운 것은 동탑을 떠받치고 있는 바위가 오른손 손바닥 모양으로 조각이 되어 있다는 점입니다. 왜 손바닥이며 또 누구의 손바닥일까요? 이것을 보니 "미륵은 불탑을 손에 들거나 보관에 새긴다."는 미륵도상을 규정한 밀교의 의궤가 생각납니다. 그렇습니다. 이것은 미륵의 손바닥이요, 미륵이 석가모니불의 징표인 불탑을 받들고 있는 것입니다. 밀교경전에 나타난 미륵의 도상적 특징을 한국식으로 수용 · 표현한 또 하나의 예라 할 것입니다.

대구 팔공산 동봉(1155m)의 안부 헬기장 옆에는 석조약사여래입상이 있습니다. 서쪽을 향한 거대한 자연암벽에 거의 환조(丸彫)에 가깝게 조각한 여래입상입니다. 풍만한 여인상을 느끼게 하므로 등산객들은 '할머니 부처'라고 부르고 있습니다. 높이가 무려 6m나 됩니다.

소발에 육계가 있는 머리를 오른쪽으로 약간 기울인 채 통견의 법의를 입고 대좌 없이 직접 바위를 밟고 서 있습니다. 오른손은 허리춤에 대고 손바닥을 안으로 한 채 손가락을 밑으로 했는데 가운데 두 손가락을 구부렸고, 왼손은 가슴에 들어 손바닥을 안으로 한 채 손가락을 구부려 엄지와 가운뎃손가락을 맞댔습니다. 정식 명칭이 약사여래입상이라지만 수인이 전혀 다르고 지물이 없으며 하물며 약호 따위도 없습니다. 특이한 것은 오른손의 집게손가락과 새끼손가락이 기형적으로 길고 발가락도 굵고 크다는 점입니다.

53 팔공산동봉약사여래입상
대구광역시유형문화재 제20호. 통일신라시대. 상고 6.00m.
대구시 동구 용수동 동봉.

54
다솔사보안암석불좌상
비지정. 조선시대 작품 추정.
상고 1.90m.
경남 사천군 곤양면 무고리,
보안암(普安庵).

경남 사천에 있는 다솔사(多率寺)에 딸린 보안암 석굴은 우리나라에서 세 번째로 발견된 고려시대 석굴입니다. 정동을 향하여 남해 바다를 굽어보고 있는 이 석굴 안에 석불좌상 1구가 봉안되어 있습니다.

석불은 나발의 머리에 법의를 통견으로 입고 결가부좌한 채 항마촉지인을 지었는데 왼손의 엄지를 안으로 접었습니다. 얼굴이 넓적하고 토속적인 이 불상은 자비로운 가운데 범할 수 없는 위엄이 있어 보입니다. 불단석 정면에는 도깨비상이 양각되어 있습니다. 나한석상을 불상의 좌우에 각각 8구씩 봉안했는데 다듬은 상도 있고 자연석 그대로인 것도 있습니다.

석굴 안은 기껏해야 두 사람이 나란히 앉아 예배할 수 있을 만큼의 공간 밖에 없어, 부처님과 마주보고 일대일의 대화를 나눌 수 있는 분위기로는 이보다 더 좋은 데가 없을 성싶습니다. 원이 있으면 무엇이든지 다 들어 주실 것만 같습니다.

석굴은 토함산 석굴을 닮아 외부는 자연석을 쌓아 올리고 내부의 천장은 고구려의 고분처럼 '귀접이 천장'으로 처리한 무덤형 석굴입니다.

보관화불과 연꽃 그리고 용화

카슈미르의 수도 수리나가르에서 라다크 지방의 레로 가는 도중에 있는 물베크(Mulbekh)에는 높이 10m의 마애 미륵보살상이 있습니다. 8~9세기에 조성된 것이라고 하는데 이 마애불은 아직도 현존하고 있습니다. 재미있는 것은 인도의 신상처럼 팔이 네 개 달린 사비상(四臂像)이라 미륵이 가질 수 있는 지물을 총망라하고 있는 느낌이 듭니다. 즉 머리 위에는 불탑을 새기고, 왼손의 첫손에는 물병, 둘째 손에는 용화, 오른손의 첫손에는 여원인의 수인, 둘째 손에는 염주를 들고 있습니다.

보관화불에 대해서는 관미륵보살상생도솔천경에, "그때 미륵보살은 머리에 석가비릉가마니와 견숙가보로 꾸민 천관을 쓰고 그 천관에서는 백만억의 빛이 흘러나오며 하나하나의 빛깔 속에는 무량 백천의 화불이 있다."는 대목이 있어 그것이 보관화불의 전거(典據)가 된다는 것은 이미 보아 왔습니다.

명문이 있는 우리나라의 미륵불상 중에서 보관화불이 발견된 조상례는 719년에 조성된 감산사석조미륵보살입상과 981년에 조성된 태평흥국명마애보살좌상이 있습니다. 소위 '은진미륵'이라 부르는 관촉사석조미륵보살입상도 원래는 높은 보관에 1m가 넘는 황금 화불을 장착했고, 또 3m가 넘는 연꽃 줄기를 들었었다고 합니다.

연꽃과 용화에 대해서는 여러 미륵경전에 지물의 언급이 없고 다만 미륵이 용화수 아래에서 성불한다고만 적고 있습니다. 그러나 인도 팔라조에서 정형화된 미륵의 도상에는 용화와 물병이 지물로 정착됩니다. 명문이 있는 우리나라의 미륵불상 중에서 연꽃이 발견된 조상례는 1630년에 조성된 관악산봉천동마애미륵불(연봉)과 1465년에 조성된 파주용미리석불입상(연꽃 줄기)이 있습니다.

조각은 아니지만 조선시대에 야외에 걸어 놓고 예배하는 탱화인 괘불탱 중에 화기명에 의해 미륵으로 확인된 보살의 화관(花冠)에서도 화불이 발견됩니다. 화불뿐만 아니라 문화재청 관계자의 말에 의하면 손에 용화까지 들고 있습니다. 1627년(인조 5년)에 제작된 무량사미륵불괘불탱(보물 제1265호)에 보면 서 있는 독존 미륵보살의 보관에 6구의 화불이 있고, 보살은 두 손에 붉은 연봉이 달린 연꽃 가지—문화재청의 해설에 따르면 용화수 가지—를 받쳐 들고 서 있습니다. 또 1673년에 제작된 장곡사미륵불괘불탱(국보 제300호)은 미륵불을 중심으로 하는 용화회가 아닌 영산회상도를 나타낸 군집도(群集圖)인데 입상의 본존불 옆에 '彌勒尊佛(미륵존불)' 이라는 방제가 적혀 있어 미륵불임을 알 수 있습니다. 보살이 아닌 여래상인데도 화관에 4구의 화불이 있고, 용화수 가지를 들고 있습니다. 우협시보살인 법림보살(法林菩薩)과 좌협시보살인 대묘상보살(大妙相菩薩)이 각각 좌우에 시립하고 있습니다.

여기에서 불교 미술과 인연이 깊은 연꽃에 대하여 살펴보기로 하겠습니다. 불경에서는 연꽃을 색깔을 기준으로 해서 네 가지를 들고 있습니다.

우트팔라(優波羅, Utpala) ― 청련화

파드마(波頭摩, Padma) ― 홍련화

쿠무다(拘物頭, Kumuda) ― 황련화

푼다리카(芬陀利, Puṇḍarīka) ― 백련화

가장 일반적인 것은 보통 연화(蓮華)라고 번역되는 분홍색을 띠는 파드마와 흰색을 띠는 푼다리카입니다. 법화경(法華經)을 Saddharma Puṇḍarīka Sutra라고 하는 것은 이 백련을 부처님의 가르침에 비유하여 지은 이름이기 때문입니다. 쿠무다는 황련화라고 번역되지만 실제로는 백색 수련입니다. 파드마와 푼다리카는 연꽃이지만 우트팔라와 쿠무다는 실제로는 수련인 것입니다. 연꽃과 수련은 다같이 물위에 떠서 피는 꽃으로 모양도 비슷하기 때문에 흔히 둘을 혼동합니다. 그리하여 한역경전에서도 둘을 구별하지 않고 연(蓮) 또는 연화(蓮華)로 번역되는 경우가 많으며 영어로도 그냥 lotus로 부르는 경우가 많습니다.

그러면 인도의 미륵보살이 갖는 용화(龍華)라는 꽃에 대하여 살펴보겠습니다. 일설에 의하면 용화는 꽃 색이 백색이며 꽃잎은 넷입니다. 꽃잎은 달걀을 거꾸로 맞댄 것 같은 모양을 하고 있으며, 수꽃술의 꽃밥이 크고 황금색을 띤다고 합니다. 잎은 우리나라의 버들잎을 닮았습니다. 용화는 범어로 Naga-puspa라 하고 학명은 Mesua Ferrea라고 합니다. 과문의 탓인지는 몰라도 용화는 우리나라의 불상에서는 흔히 별견되는 꽃이 아닌 듯싶습니다.

서울 강서구 개화산 약사사에 있는 개화산약사사석불은
여래형인데도 두 손을 가슴 앞에 모아 짤막한 연꽃 줄기를
들고 있습니다. 머리에는 벙거지형 갓을 쓰고 법의는 통견
으로 입고 방형 대좌 위에 서 있습니다. 두 눈을 부리부리하
게 떴고, 갓 밑 부분에는 많은 글자가 새겨져 있으나 판독이
어렵다고 합니다. 개화산약사암중건기에 '일장미륵(一丈彌
勒)'이라 한 것이 이 석불입니다. 대웅전에 앉으면 눈앞에
고려시대의 삼층석탑이 있고 그 아래로 유유히 흐르는 한강
너머 저만치에 행주산성이 보입니다.

55
개화산약사사석불
서울특별시유형문화재 제40호.
고려시대. 상고 3.30m.
서울시 강서구 개화동 약사사.

마을 이름이 예로부터 '미륵마을' 인 곳이 있습니다. 충북 증평에 있는 미암리(彌岩里)가 그런 곳입니다. 마을 어귀에 '미륵마을' 이라는 표지석이 서 있습니다. 증평미암리석불은 300년 묵은 느티나무가 있는 미륵당에 모셔져 있는데 마멸이 심하고 안면부가 손상을 입어 몰골이 말이 아니지만 그래도 보관에 화불이 있고 손에 연꽃을 든 귀중한 석불입니다. 코가 우뚝하고 두 눈은 크게 떴으며 백호와 삼도도 알아볼 수 있습니다. 법의는 통견으로 입었고 가슴에 띠 매듭이 보입니다. 두 손으로 연꽃 줄기를 잡았는데 오른손은 위로 하고 왼손을 아래로 했습니다. 여래상인데도 보살의 상징인 보관을 썼고 연꽃까지 들었습니다. 이런 것을 보관형 여래라고 부르던가요?

56
증평미암리미륵불입상
비지정. 고려시대. 상고 2.61m.
충북 괴산군 증평읍 미암1리.

성역화 된 미륵당 아래 용천(龍泉)이 있습니다. 장방형 연못인데 필자가 방문했을 때 촛불 하나가 켜져 있었습니다. 그런데 여름 농사철로 기억이 되는 또 한 번의 방문 때는 남녀 마을 사람 네댓이 미륵 앞에 상차림을 하고 있는 광경을 본 적이 있습니다. 완연히 살아 있는 미륵신앙의 현장이었습니다. 현세이익을 비는 것이겠지만 혹시 도솔천이나 용화세계의 왕생을 빌었는지도 모르죠. 회향(廻向)하면 되니까 상관없는 일입니다.

57
덕산상가리석조보살입상
충청남도문화재자료 제182호.
고려시대. 상고 2.50m.
충남 예산군 덕산면 상가리.

충남 예산에 있는 덕산상가리석조보살입상은 높직한 보관에 화불을 새겨 넣었습니다. 오른손을 가슴에 대고 손바닥은 안으로 한 채 엄지와 가운뎃손가락을 맞댔습니다. 오른손을 가슴에 대고 내장하는 수인은 일찍이 간다라의 미륵보살상이 짓던 수인입니다.

이 보살입상과는 아무런 관계가 없지만 석불의 우측 후방에는 저 유명한 홍선대원군의 부친 묘인 덕산남연군묘(德山南延君墓)가 있습니다.

충남 부여에 있는 대조사석조미륵보살입상은 총 높이
10m의 거대한 보살입상입니다. 수인과 지물을 먼저 살펴보
면 두 손을 가슴 앞에 모아 금속으로 된 연꽃 줄기를 들고
있습니다. 머리에는 원통형 보관을 쓰고 그 위에 2층의 방
형 천개(갓)를 올려놓았는데 네 귀에 방울이 달려 있습니다.
두꺼운 천의를 걸쳤으며 가슴에는 목걸이 장식이 있습니다.
얼굴에 비해 코와 입이 작고 각진 어깨가 발까지 이어져 있
어 불신이 네모난 돌기둥에 가깝습니다.

광주광역시 시립민속
박물관에 있는 광주십신
사지(十信寺址)석불은 현
재 거의 같은 높이의 범자
비(梵字碑)와 함께 서 있
는데 원래 북구 임동에 있
었던 십신사지에서 옮겨
다 놓은 것입니다. 십신사
는 고려 문종(1046~
1083) 때 창건된 절입니
다. 이 석불은 총 높이가
4.5m나 되는 거불인데 머
리부터 대좌에 이르기까
지 하나의 돌로 조각한 특
이한 양식을 보이고 있습
니다. 석주형 석불로서 민
머리에 백호가 뚜렷하고
통견 차림으로 8각 연화

59 광주십신사지석불
광주광역시유형문화재 제2호. 고려시대. 총고 4.50m.
광주시 북구 용봉동 1004-4. 광주시립민속박물관.

대좌 위에 서 있습니다.

　머리 위에 깊은 구멍이 나 있다 하므로 원래는
갓을 썼을 것으로 짐작됩니다. 오른손은 가슴에
올려 법륜 같은 것을 들었고 왼손은 오른손 밑에
서 가사의 소매를 누르고 있습니다. 옆에 함께 서
있는 범자비와 더불어 초현대적인 작품 같은 인상
을 주는 석불입니다.

60
장성원덕리미륵석불
전라남도유형문화재 제13호.
고려시대. 총고 5.00m.
전남 장성군 북이면 원덕리
미륵암.

　전남 장성에 있는 장성원덕리미륵석불은 장승형 석불입
니다. 두 개의 돌로 된 키다리 미륵으로 팔각형 갓을 쓰고
방형대좌 위에 서서 서쪽을 향하고 있습니다. 오른손을 가
슴에 들어 연꽃을 들었고, 왼손은 아래로 내린 채 엄지를 떼
어 벌리고 있습니다. 네모난 얼굴에 눈은 물고기 눈처럼 크
게 떴으며 코는 뭉툭코인데 삼도는 뚜렷합니다. 토속적인
수호신의 인상이 짙습니다.

경북 고령에 있는 고령개포리석조관음보살좌상은 판석에 양각한 보살좌상으로서 조성 연대를 알 수 있는 기년작(紀年作)입니다. 오른손은 가슴에 들어 외장한 채 엄지와 집게손가락을 맞대는 설법인을 지었고, 왼손은 연꽃이 달려 있는 기다란 줄기를 잡았습니다. 관대가 달린 정자관(程子冠)이 눈길을 끄는데 앉은 화불이 새겨져 있습니다. 편단우견 차림에 반단(半袒)의 어깨 가리개가 이색적입니다. 이중 원광으로 된 거신광배까지 갖추었으나 치장이 별로 없습니다. 보관에 화불이 있고 연꽃을 들었다고 해서 관세음보살로 보고 있는 듯한데 연꽃은 미륵도 가질 수 있는 지물이며 정자관이나 상호가 풍기는 분위기로 봐서 미륵보살로 보고자 합니다. 명문은 보살상 뒤편에 새겨져 있습니다.

雍熙三年乙酉六月二十七日……
(옹희삼년을유유월이십칠일……)

옹희 3년은 985년(고려 성종 4년)입니다.

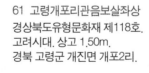

61 고령개포리관음보살좌상
경상북도유형문화재 제118호.
고려시대. 상고 1.50m.
경북 고령군 개진면 개포2리.

미륵이 짓는 수인의 가지가지

손과 손가락으로 짓는 동작을 수인(手印, Mudrā)이라고 하는데 이것은 본시 힌두교에서 사용하던 것이 불교로 넘어온 것입니다. 수인은 불보살이 그 의도·감정·특성을 매우 세련된 방식으로 표현하는 '손짓의 언어'인 것입니다. 수인에는 실로 많은 종류가 있지만 석가모니불의 근본수인과 특이수인으로 나누어 살펴보기로 하겠습니다. 석가모니불의 근본수인에는 다음과 같은 여섯 가지가 있습니다.

1. 선정인(禪定印, Dhyāna mudrā)
2. 시무외인(施無畏印, Abbhaya mudrā)
3. 여원인(與願印, Varada mudrā)
4. 설법인(說法印, Vitarka mudrā)
5. 전법륜인(轉法輪印, Darmacakra mudrā)
6. 항마촉지인(降魔觸地印, Bhūmisparśa mudrā)

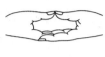

선정인

선정인은 결가부좌의 자세로 앉아서 참선할 때 짓는 수인으로 명상과 정신집중을 나타내므로 삼마지인(三摩地印)이라고도 합니다. 양손을 배꼽 앞에 포개 놓고 두 엄지손가락을 맞대는 형식입니다. 손의 위치가 바뀌는 수도 있으나 왼손 위에 오른손을 놓는 것이 옳습니다. 미타정인(彌陀定印) 중 상품상생인(上品上生印)은 선정인의 한 변형입니다.

시무외인

여원인

시무외인과 여원인은 그 이름과 같이 중생의 두려움을 없애 주고 소원을 들어 준다는 수인인데 단독으로는 잘 쓰지 않고 흔히 두 수인을 함께 짓습니다. 보통 오른손을 어깨 높이로 들어 다섯 손가락을 펴서 세우고 손바닥을 밖으로 보이며, 왼손은 내려서 다섯 손가락을 펴서 손바닥을 밖으로 보입니다. 시무외인과 여원인은 손 모양이 서로 반대되는 수인입니다. 우리나라에서는 삼국시대 이래로 시무외인과 여원인을 하나의 세트로 다루어 통인(通印)이라 부르고 불상의 존명에 관계없이 널리 애용해 왔습니다.

설법인

설법인은 안위인(安慰印)이라 부르기도 하고 설명인(說明印, Vyākhyāna mudrā) 또는 사색인(思索印, Chin mudrā)이라고 부르기도 합니다. 설법인은 이름 그대로 법을 설한다는 뜻의 수인입니다. 손의 모습은 양손으로 시무외·여원인을 짓되 두 손의 엄지손가락과 집게손가락의 끝을 맞대거나 또는 오른손으로는 시무외인을 짓되 왼손은 가사의 자락을 잡는 손짓입니다.

전법륜인은 '법의 수레를 굴린다.'는 뜻의 수인입니다. 설법인(엄지와 집게손가락을 맞댐)을 지은 두 손을 가슴 앞에 가지고 와서 오른손은 외장하고 왼손은 상장 또는 내장한 채, 왼손의 약손가락과 새끼손가락 끝을 오른손의 손바닥에 갖다 대는 형식인데 손의 모양은 대체로 좌우대칭을 이룹니다. 이 수인은 석가모니불을 제외하고는 오직 미래불인 미륵만이 지을 수 있는 것으로 알려져 있습니다. 이 수인은 우리나라에서도 제법 그 예가 발견되지만 변형이 많습니다.

전법륜인

항마촉지인은 부처님이 '마군을 항복시키고 대지(즉 地神)를 증인으로 삼는다.' 는 뜻으로 땅을 가리키는, 성불을 상징하는 감격적인 순간의 수인입니다. 이 수인은 반드시 결가부좌한 좌상에만 한정되는 수인입니다. 손의 모양은 선정인을 지은 상태에서 오른손을 풀어서 오른 무릎 가까이 뻗쳐 손가락 끝을 대좌에 대는 손짓입니다. 윤경렬 님의 《겨레의 땅, 부처님 땅》에 의하면 우리나라에는 이 항마촉지인을 지은 불상이 많은데 이웃 일본에는 없고 중국에서도 대단히 귀한 편이라고 합니다. 이것은 민족의 취향과 기질이 가져온 외래문화의 수용방식의 차이를 보여 주는 것으로 흥미로운 일입니다.

항마촉지인

미륵의 도상을 찾아서

특이수인이란 석존의 근본수인이 아닌 기타 모든 색다른 수인을 그렇게 이름 붙여 본 것입니다. 예를 들면 한 손은 시무외인인데 다른 손은 여원인이 아니거나, 두 손을 소매 속에 넣어 팔짱을 끼거나, 한 손은 배에 대고 다른 손은 아래로 늘어뜨린다거나, 또는 두 손으로 무릎을 짚거나 하는 그런 수인을 말합니다. 근본수인의 변형(variants)을 제외하고, 근본수인을 벗어난 모든 수인을 가리킵니다. 특이수인은 손의 위치에다 손가락의 구부림과 맞댐 그리고 손바닥의 방향이 가세하면서 더욱 다양하고 그 종류도 많아집니다. 실제로 제일 많이 보게 되는 손가락의 맞댐은 엄지손가락과 가운뎃손가락을 맞대는 수인인데 이것이 구품(九品) 중의 중품인(中品人)을 가리키는 것인지 또는 중도(中道)를 뜻하는 것인지 확실히 알 길이 없습니다.

일반적으로 특이수인은 미륵이 즐겨 사용하는 것 같이 보입니다.

왜냐하면 석가모니불의 근본수인은 변형은 있을지언정 특이수인은 아니며 몇몇 부처들은 각기 자기 특유의 수인을 자기 상표처럼 갖고 있기 때문입니다. 예를 들면 비로자나불의 지권인(智拳印), 아미타불의 구품인(九品印), 약사여래의 약호와 수인 따위입니다. 약사여래의 수인은 왼손을 가슴 높이 또는 약간 들어 약호를 들고 오른손은 보통 시무외인을 짓습니다.

미륵보살만의 독특한 수인은 단연 사유상입니다. 또 하나 미륵의 독특한 수인으로 볼 수 있는 것이 간다라의 미륵보살상이 지었던 '우수내장(右手內掌)' 이 있는데 우리나라에 와서는 이 수인도 꼭 미륵만이 누리는 수인이 아닌 것 같습니다.

하지만 미륵은 수인을 지음에 있어서만큼은 여느 불보살이 가질 수 없는 상당한 특권을 가지고 있습니다. 부처님의 후계자인 만큼 석가모니불의 근본수인을 전부 지을 수 있는 것입니다. 특히 전법륜인만큼은 석가모니불 외에는 미륵만이 누릴 수 있는 특권적인 수인입니다. 미륵이 석가모니불이

짓는 근본수인을 다 지을 수 있다는 말은 수인만 봐서는 석가
모니불인지 미륵인지 식별하기 어렵다는 말이기도 합니다.

　이는 달리보면 그만큼 미륵의 조상이 자유스러웠다는 반
증일 것입니다. 이제부터 이렇듯 형식에 얽매이지 않는 미
륵의 특이수인을 찾아 나서기로 하겠습니다.

62
원주봉산동석조보살입상
강원도유형문화재 제67호.
고려시대. 상고 1.74m.
강원도 원주시 봉산1동 미륵암.

　강원도 원주에 있는 원주봉산동석조보살입상은 미륵암
이라는 여염집 같은 암자 옆 공터에 서 있습니다. 익선관(翼
蟬冠) 모양의 보관을 썼는데, 눈·코·입이 작고 온화한 얼
굴에 미소를 띠우고 있어 보는 사람의 마음을 편안하게 합
니다. 이 보살상은 오른손을 가슴에 올려 내장했고 왼손은
배에 대고 상장했습니다. 팔뚝에는 팔찌를 했으며 벌린 두
다리의 옷 주름이 넓적넓적하고 천의 자락의 밑이 깃털처럼
퍼져 있는 것이 인상적입니다.

충남 논산에 있는 개태사지(開泰寺址)석불입상은 1불 2보살 형식의 장육삼존상으로 모두 입상입니다. 본존불은 설법인의 수인을 취하고 있는데 오른손을 어깨 높이에 들어 외장한 채 엄지와 집게손가락을 맞댔고 왼손은 배 부근에서 내장했습니다. 총 높이 4.07m로 삼존 중에서 가장 출중한 이 본존불은 여래 상인데도 왼쪽 손목에 두 줄 팔찌를 끼고 있어 눈길을 끕니다. 좌협시보살이 걸치고 있는 천의의 옷 주

63 개태사지석불입상
보물 제219호. 고려초기. 총고 4.07m.
충남 논산시 연산면 천호리 개태사지.

름 · 띠 매듭 · 팔찌 · 옷에 놓은 꽃무늬 등은 볼 만합니다.

현재의 개태사 자리는 조선 세종 때 옮긴 자리라고 하지만 이 삼존상은 개태사 창건 당시 조성된 것으로 보입니다. 개태사는 936년(고려 태조 19년) 고려 태조 왕건이 후백제의 왕 신검(神劍)을 숯고개(炭峴)에 몰아 항복받고 삼국을 통일한 기념으로 창건한 기념비적인 사찰입니다.

고려 태조 왕건은 통일의 해인 936년에 착공하여 940년에 준공된 개태사의 화엄법회에서 손수 발원문을 지어 바쳤는데 이 발원문은 한국의 역사상 군주가 작성한 가장 오래된 현존하는 발원문입니다. 그 발원문의 명칭은 '신성왕친제개태사화엄법회소(神聖王親製開泰寺華嚴法會疏)'로서 전문 1,020자로 이루어져 있으며 최해(崔瀣)가 지은 동인지문사륙(東人之文四六)에 실려 있습니다.

전문은 길고 지루하므로 여기에서는 최자(崔滋)가 지은 보한집(補閑集)에 실려 있는 발췌문을 소개합니다. 최자는 발원문을 소개하기에 앞서 다음과 같이 머리말을 쓰고 있습니다.

"장흥 5년(934년, 태조 14년) 갑오에 후백제를 쳐서 크게 이겨 하내(河內) 30여 군을 차지하였고, 또 발해국 사람들이 귀순해 옴에 태조께서 유사(有司)에 명하여 개태사를 지어 화엄도량으로 삼도록 했다. 태조께서 몸소 발원문을 짓고 손수 썼는데 그 내용을 간추리면 다음과 같다."

개태사 창건 발원문

나 건(建)은 태어나서 자라면서 온갖 우환과 많은 어려움을 맛보았습니다. 병란이 북쪽 땅 현토군(玄兎郡)을 뒤덮고 재난이 남쪽 땅 진한(辰韓)을 어지럽히니 백성은 생업에 전념할 수 없고 집집마다 성한 담장이란 찾아볼 수 없었는데 …… 하늘을 두고 맹세하기를 〈큰 잔악한 무리를 평정하여 도탄에 빠진 백성을 건져 농사와 양잠을 제 고장에서 마음 놓고 할 수 있게 하겠나이다.〉하고 먼저 부처님의 가피에 힘입고 다음으로 하늘의 위력을 의지하여 20년간 수격(水擊)과 화공(火攻)으로 몸소 시석(矢石)을 무릅썼으며, 천릿길을 달려 남으로 치고 동으로 때리면서 몸소 무기를 베개 삼았습니다. 지난 병신년(936년) 가을 9월에 숭선성(崇善城) 부근에서 후백제군을 맞아 싸우매 한 번 호령하니 흉악한 무리가 와해되었고, 다시 북을 울리니 반역의 패거리가 얼음 녹듯 사라져서 개선의 노래가 하늘에 메아리치고 환호의 소리가 땅을 뒤흔들었습니다. …… 관포(藿浦)의 도적 떼와 계동(溪洞)의 간사한 무리가 잘못을 뉘우치고 새 사람이 되겠다고 귀순해 왔습니다. …… 나 건의 뜻은 간사한 자를 누르고 악독한 자를 없애며, 약한 자를 돕고 기울어지는 자를 붙들어 주는데 있으므로 추호도 침범하지 않았으며 풀한 포기도 다치지 않았습니다. …… 부처님의 가호에 보답하고 산신령의 후원을 갚고자 특별히 사국에 명하여 연궁(蓮宮)을 창건케 하였으니 이에 산의 이름을 '천호산(天護山)'이라 하고 절의 이름을 '개태사(開泰寺)'라고 지었습니

다.…… 원컨대 부처님의 위세로 감싸주시고 하늘의 위력으로 붙들어 주시기 바랍니다. (후략)

태조 왕건은 이 발원문에서 고려의 건국과 삼국 통일의 역정을 회고하고 부처님과 산신령의 보살핌을 갚고자 개태사를 창건했음을 밝히고 있습니다.

전북 남원에 있는 신계리마애여래좌상을 찾아가는 길은 쉽지 않았습니다. 남원 — 순창간 24번 국도의 황룡동에서 대산으로 진입하여 신촌마을 안을 관통해서 외길 시멘트길이 끝나는 데까지 가서 고추밭 입구에 주차한 것까지는 좋았습니다. 마을사람에게 길을 물으니 송전 철탑을 일차 목표로 해서 가다가 우측으로 난 오솔길을 올라가면 된다는 말이었습니다. 철탑을 향해 가는데 도무지 우측으로 난 길이 나타나질 않아서 우리는 그만 작은 골짝으로 자꾸만 빠져 들어갔습니다. 가을철이라 낙엽이 오솔길을 덮어 버려 보이지 않았던 것입니다. 망연자실하고 있는데 어디서 웅성대는 사람 목소리가 들려와 소리쳐 물어보니, 오던 길을 도로 돌아가서 우측으로 난 길을 다시 찾아보라고 일러 주었습니다.
이곳 풍악산(楓岳山)은 송이버섯이 나는 곳으로 가을이면 버섯 따는 사람들이 산을 누빈다고 합니다. 앙상한 나무들 사이로 한 15분가량 산행을 하니 제법 드넓은 지역이 전개되는데 우측 전방으로 사막의 오아시스처럼 바위성이 나타나는 것이 아닙니까? 우리가 찾아가는 부처님은 그 중 가

64 남원신계리마애여래좌상
보물 제423호. 통일신라시대. 상고 2.94m.
전북 남원시 대산면 신계리.

장 높은 바위에 앉아서 법륜을 굴리고 계셨습니다. 허우대
가 좋은 젊고 미남형의 부처님이었습니다.

마애불이라 하지만 자연 암석에 불신과 광배를 함께 조각
하여 자연석 대좌 위에 얹어 놓은 환조와 같은 석불입니다.
늠름하고 준수하며 생동감이 넘치는 걸작입니다

이 석불은 대좌 위에 앉아 변형 전법륜인을 짓고 있습니
다. 즉 선정인을 지은 왼손 위에 오른손의 새끼손가락을 대
고 내장한 채 가운뎃손가락과 약손가락을 구부렸습니다. 편
단우견으로 입은 법의가 왼쪽 어깨 위에서 접혀서 세모꼴을
이루었습니다. 거신광배는 두광대와 신광대에 연주문(連珠
紋)을 돌렸고 두광 안에는 11개의 연꽃잎을 새겼으며 둘레
에는 불길 무늬를 돌렸습니다.

광주 서구에 있는 운천사(雲泉寺)는 마애여래좌상을 커다
란 암벽에 양각하고 그 위에 건물을 지어 만든 법당입니다.
높이가 2.25m밖에 안 되는 마애불이지만 유난히 넓은 어깨
와 또 유난히 긴 양팔 때문인지 앉은키가 높아서 들어서자마
자 첫눈에도 거불임에 놀라게 됩니다. 물론 이목구비가 수려
하고 당당하면서도 온화한 인상도 보는 이를 압도합니다.

수인은 배 앞에서 두 손으로 큼직한 여의주 같은 것을 감
싸고 있습니다. 바리때를 아래위에서 두 손으로 감싸는 불
발인(佛鉢印)이란 수인이 있는데 그 변형으로 보입니다. 민
머리에 육계가 얹은 사발 모양으로 솟았고 목에는 삼도가
뚜렷하며 귀는 길게 내려와 어깨에 닿았습니다.

65
운천사마애불좌상
광주광역시유형문화재 제4호.
고려시대. 상고 2.25m.
광주시 서구 쌍촌동
운천사(雲泉寺).

66
봉화의양리석조여래입상
경상북도유형문화재 제131호.
고려 초기. 상고 2.35m.
경북 봉화군 춘양면 의양4리
용화전(龍華殿).

경북 봉화에 있는 의양리석조여래입상의 수인은 특이한 수인을 하고 있습니다. 오른손은 허벅지에 대고 내장했으며 왼손은 가슴에 대고 내장했습니다. 풍만한 체구를 하고 민머리에 육계는 사발을 엎은 듯한 복발형이며 법의는 통견으로 입고 원형대좌 위에 서 있습니다. 삼도는 사이가 너무 떴고 귀는 코끼리 귀처럼 커서 어깨까지 닿았고 법의의 옷 주름은 내려가다가 두 다리에서 각각 타원형 동심원을 이루었습니다. 코는 후보한 듯합니다.

경주 남산에 있는 불상 중에서 가장 우수한 불상이라는 평가를 받고 있는 남산 보리사(菩提寺)의 미륵골석불좌상은 여래좌상이 지녀야 할 모든 조건을 갖추고 있다고 하여 불상을 처음 연구하는 이들에게 본보기가 된다는 유명한 불상입니다.

이 석불은 상·중·하대를 갖춘 연화대좌 위에 결가부좌하고 항마촉지인을 지었습니다. 나발의 머리에 육계가 높이 솟았고 백호와 삼도를 갖추었으며, 법의는 편단우견으로 입었는데 반대편 옷자락이 어깨 뒤로 넘어와서 오른쪽 어깨를 덮고 있습니다.

이 석불의 광배는 정말 화려하고 정교합니다. 마디마다 연꽃송이를 새긴 두 줄의 주연선으로 두광과 신광을 나타내고 7구의 화불을 새겼으며 둘레에는 불길 무늬를 빽빽하게 새겨 넣었습니다. 한 가지 특기할 것은 광배 뒷면에 약사여래좌상이 양각되어 있다는 것입니다. 약사여래의 수인은 왼손으로 약호를 들고 오른손은 가슴 높이로 들어 엄지와 가운뎃손가락을 맞댄 설법인을 짓고 있습니다.

67 경주남산미륵골석불좌상
보물 제136호. 통일신라(8세기 후반). 상고 2.43m, 총고 4.36m.
경북 경주시 배반동 미륵골 보리사(菩提寺).

이 석불은 도상만 보아서는 석가모니불인지 미륵불인지 전혀 존명을 판단하기 어려우나 지명이 '미륵골'이고, 조상시기가 이르기 때문에 미륵으로 보고자 합니다. 미륵골에는 보리사 외에 다른 석상이나 절간 혹은 암자가 없습니다.

미륵의 나라

다시 하는 미륵경전 이야기

이제부터 미륵삼부경의 하나인 미륵하생경에 대하여 알아보기로 하겠습니다. 미륵하생경은 서진(西晉)의 축법호(竺法護)가 한역한 것으로 되어 있지만 그 내용은 증일아함경 권 제44 십불선품 제48의 3과 내용이 똑 같습니다. 이 경은 사위국 기수급고독원을 무대로 하여 다문제일(多聞第一) 아난존자가 미륵에 대하여 부처님께 묻고 부처님께서 거기에 대답하시는 형식으로 구성되어 있습니다.

미륵하생경

부처님께서 사위국 기수급고독원에 대비구중 1천500인
과 함께 계실 때 아난이 오른쪽 어깨를 드러내고 오른쪽 무
릎을 꿇고 세존께 사뢰었다.

"먼 장래에 미륵이 출현하시어 성불하시는 일과 따르는
제자들의 수와 미륵 불국토의 복락(福樂)과 그것이 지속되
는 기간에 대하여 알고자 합니다."

이에 부처님은 답변하셨다.

"먼 장래에 이 나라 안에 계두성(鷄頭城, Ketumati)이라는
도성이 있다. 토지가 풍족하고 인구도 많으며 거리는 번창
하고, 성안에 용왕이 있어 밤에는 향수를 비 내려 거리를 윤
택하게 하고 낮에는 맑고 화창하게 한다. 또 나찰귀신이 있
어 밤마다 사람들이 잠든 후에 온갖 더러운 물건을 치우고
향즙을 땅 위에 뿌리니 성안이 지극히 향기롭고 깨끗하다.

그때 염부제의 모든 산과 강은 없어지고 4대해의 물은 각
각 한쪽으로 줄어들어 토지는 평탄하고 거울처럼 맑으며,
곡식이 풍성하고 인구도 많고, 온갖 보배가 수없이 많으며,
마을과 마을이 잇닿아서 닭 우는 소리까지 들릴 정도이다.
나쁜 꽃과 과일나무는 말라 죽고 더러운 것도 저절로 없어
지며, 달콤한 과수와 향기롭고 아름다운 풀과 나무들만 자

란다. 기후가 온화하여 몸에 백여덟 가지 질병이 없고, 탐·
진·치가 그다지 심하지 않으며, 사람들의 마음이 한결같아
서 만나면 기쁘고 고운 말만 주고받으니 저 울단월 사람들
과 다르지 않다.

염부제의 백성들은 어른이나 아이의 권리가 평등하여 조
금도 차별이 없고, 남녀가 대소변을 보고 싶을 때에는 땅이
저절로 열리고 볼일을 본 후에는 땅이 다시 합쳐진다. 그때
염부제에서는 벼를 심지 않아도 저절로 쌀이 생겨나고 또
등겨가 없고 매우 향기로우며 먹어도 아무 탈이 없다. 또
금·은·진보·자거·마노·진주·호박 같은 것들이 땅
위에 여기저기 흩어져 있어도 아무도 줍는 사람이 없다.

그때 양거(穰佉, Śaṃkha)라는 법왕이 출현하여 정법으
로 나라를 다스려 금륜보·백상보·감마보·여의주보·옥
녀보·수장보·전병보 등 칠보(七寶)를 갖춘다. 양거왕은
이 칠보로 천하를 다스리니 무력을 쓰지 않고도 저절로 항
복해 온다. 또한 거타월국·미제라국·수뢰타대국·바라
나국 등 네 곳에 큰 보배 창고가 있어 한량없는 진보가 가득
하다. 양거왕은 이것을 가난한 사람들에게 나누어 주는 일
을 낙으로 삼는다. 그때 염부제에는 옷이 나무에서 저절로
열려 사람들이 따서 입는데 마치 울단월 사람들이 하는 법
과 같다.

그때 수범마(修梵摩)라는 대신과 그의 처 범마월(梵摩越)
이 있어 미륵보살이 도솔천에서 보매 내외가 늙지도 젊지도
않음을 보고, 부모로 삼아 도솔천에서 내려와 내가 그랬던
것처럼 어머니의 오른쪽 옆구리에서 태어난다. 수범마는 아

들 이름을 미륵이라 하고 미륵보살은 32상과 80종호를 갖추고 몸은 황금색으로 빛난다. 그때 사람들의 수명은 8만4천 세를 누리며 여자는 500세에 시집을 간다.

미륵은 이윽고 출가하여 용화(龍花)라는 도수(道樹) 밑에 앉아 수도하는데 출가한 그날 밤에 바로 무상도를 이루어 성불한다. 그때 삼천대천세계는 여섯 가지로 진동한다. 미륵의 성불 소식을 듣고 대장(大將)이라는 마왕이 욕계의 무수한 하늘사람과 인간을 데리고 미륵의 처소로 찾아와 청법을 하면 미륵불은 먼저 보시 · 지계 · 생천(生天) · 욕부정상(欲不淨想)을 설하고, 대중의 발심을 보고 난 다음에 역대 부처님께서 항상 말씀하시는 고(苦) · 집(集) · 멸(滅) · 도(道)의 사성제를 설하니 좌중의 8만4천 하늘사람이 모든 번뇌를 여의고 법안정(法眼淨)을 얻는다. 그때 선재(善財)라는 부호도 8만4천의 대중을 데리고 와서 위와 같은 설법을 듣고 모든 번뇌를 여의고 법안정을 얻은 후 8만4천의 대중과 더불어 출가를 청하여 범행(梵行)을 닦아 모두 아라한도를 얻는다.

그때 양거왕은 미륵이 성불하였다는 소식을 듣고 찾아와 처음도 좋고 중간도 좋고 끝도 좋은 심오한 법문을 듣고, 왕위를 태자에게 물려주고 권속 8만4천 인과 함께 미륵에게 출가하여 모두 도과를 얻어 아라한이 된다.

그때 미륵은 삼승(三乘)의 법문을 설할 것인데 그것은 내가 오늘날 설하고 있는 바와 같다. 나의 제자 가운데 대가섭이란 자는 열두 가지 두타행을 닦고 있는데 그는 과거세에 많은 부처님 밑에서 범행을 닦았으므로 이 사람이 미륵불을 도와 백성들을 교화한다."

그때 가섭이 여래에게서 멀리 떨어지지 않은 곳에서 가부좌를 틀고 몸과 마음을 바로 하여 생각을 집중하고 있었는데 이때 세존께서 가섭에게 말씀하셨다.

"나는 이제 늙어 여든이 넘었다. 대가섭·군도발탄·빈두로·나운 등 너희들 사대 성문(聲聞)은 나의 법이 소멸된 뒤에 열반에 들도록 하라. 대가섭도 열반에 들지 말고 미륵불이 세상에 나올 때까지 기다려라. 왜냐하면 미륵이 교화할 제자는 모두 다 석가모니불의 제자이며 나의 교화에 힘입어 번뇌를 여의게 될 것이기 때문이다.

그때 대가섭은 마갈국 비제촌의 산중에서 선정을 닦고 있을 것인데, 미륵여래가 무수한 대중과 함께 가서 가섭의 선굴(禪窟)을 보고 가섭을 가리키며, 〈이 사람이 과거 구원의 석가모니불의 제자인 두타제일(頭陀第一)의 가섭이니라.〉라고 소개하니 대중들이 희한한 일이라고 찬탄하고 그 자리에서 번뇌를 여의고 법안정을 얻을 것이니, 이것을 첫 법회라고 하는 데 이때 96억 인이 모두 아라한이 된다. 이들은 모두 나의 교훈을 받았고 또 의복·음식·방사·의약 등 사사(四事)를 공양한 인연과 혜시(惠施)·인애(仁愛)·이인(利人)·등리(等利)의 사섭법(四攝法)을 닦은 사람들이다.

그때 미륵여래가 가섭의 승가리를 받아 입자 가섭의 몸은 곧 별처럼 흩어져 버리고 만다. 두 번째 법회에서는 94억 인이 모두 아라한이 되고, 세 번째 법회에서는 92억 인이 모두 아라한이 된다. 이들은 모두 나의 가르침을 받은 제자들이며 사사를 공양한 소치로 그렇게 된다. 그때 비구들의 성호를 모두 자씨제자(慈氏弟子)라고 부르는 것은 오늘날 모든 성문을 '석가제자' 라고 부르는 것과 같다.

그때 미륵은 제자들에게 이렇게 설법한다.

〈너희들 비구는 마땅히 이렇게 사유하라. 즉 세상의 온갖 것이 다 덧없고(無常之想), 즐거움 속에는 반드시 괴로움이 숨어 있고(樂有苦想), '나(我)' 라고 계산하는 '나' 는 실제로 내가 아니며(計我無我想), 모든 것이 다 공하고 없으며(實有空想), 이 몸이 죽고 나면 색깔이 변하여(色變之想), 퍼렇게 멍이 들고(靑瘀之想), 배는 부풀어 팽창하고(膨脹之想), 먹어도 소화가 되지 않으며(食不消想), 고름과 피만 흐를 것이니(膿血想), 이 세간의 모든 것은 즐거워할 것이 못된다(一切世間不可樂想)고. 이 열 가지 상(十想)은 과거세에 석가모니불께서 너희들에게 번뇌를 여의고 해탈을 얻게하기 위하여 설하신 것이다.〉

이어 미륵은, 미륵의 처소에 태어나는 인연을 열거한다.

〈여기 모인 대중들은 모두 석가모니불의 제자로서 과거세에 좋은 인연을 지어 나의 처소에 온 사람들이다. 다시 말하면 범행을 닦은 사람, 삼보를 공양한 사람, 손가락을 튕기는 사이에 선행을 닦은 사람, 사무량심(四無量心)을 행한 사람, 오계를 지니고 삼보에 귀의한 사람, 절을 새로 지은 사람, 낡은 절을 보수한 사람, 팔관재법(八關齋法)을 받아 지닌 사람, 꽃과 향을 공양한 사람, 법문을 듣고 눈물을 흘린 사람, 법문을 골똘하게 들은 사람, 목숨이 다하도록 범행을 잘 닦은 사람, 경전을 읽고 쓰고 외운 사람, 부처님을 섬기고 공양한 사람들인 것이다.〉

미륵여래의 세상에서는 천년 동안 모든 비구는 하자가 없고 항상 한 가지 게송만을 금계로 삼는다.

입과 마음으로 나쁜 짓 하지 말고   口意不行惡
몸으로도 악한 일 범하지 말라.   身亦無所犯
이 세 가지 악행을 여의기만 하면   當除此三行
생사의 관문을 빨리 벗어나리라.   速脫生死關

　미륵여래의 수명은 8만4천 세이고, 열반에 든 뒤에 그 법
이 8만4천 년 동안 존속할 것이다."

246
미륵의 나라

　이 불설미륵하생경은 중일아함경 권 제44에 담긴 내용과
같다고 말씀드렸지만 정말 원시 경전다운 소박함과 평이함
이 물씬 풍기는 경전입니다. 시론(施論)·계론(戒論)·생천
지론(生天之論)이라든지 사성제인 고집멸도(苦集滅道)라든
지 하는 설법을 비롯하여 성문·아라한과 같은 용어와 사섭
법(四攝法)이나 사무량심(四無量心) 또는 십부정상(十不淨
想)과 같은 수행법이 그렇습니다.
　사섭법은 중생을 불도로 이끌어 들이기 위한 네 가지 방
법 즉 보시(布施)·애어(愛語)·이행(利行)·동사(同事)를
말합니다. 사무량심은 십부정상과 같이 선정 수행시 관법
(觀法)의 대상이 되는 업처(業處)로서 사범주(四梵柱)라고
도 하며, 자(慈)·비(悲)·희(喜)·사(捨)를 말합니다. 그 중
에서 사(捨)란 평등심을 가리킵니다.

미륵대성불경

구자국(龜玆國)의 구마라집이 한역한 이 경은 마가다국 파사산(波沙山)을 무대로 하여 하안거 중에 지혜제일 사리불로부터 질문을 받고 거기에 대해 부처님이 답변하는 것을 그 내용으로 하고 있습니다. 아래에 이 경의 내용을 원문에 충실하게 간추려 옮깁니다.

서막

부처님께서 마가다국 파사산에서 하안거를 하실 적에 사리불과 함께 산마루를 거니시다가 게송으로 이렇게 말씀하셨다.
한마음 가다듬고 자세히 들어라.

광명의 대삼매와
위없는 공덕 갖춘 이가
이 세상에 반드시 나타나리라.
그가 묘한 법문 설할 때에는
누구나 다 만족함을 얻어
목마른 이 단물 마시듯
재빨리 해탈을 이룩하리라.

이때 사부중과 팔부신중이 부처님의 정법을 청하고자 세존을 오른쪽으로 돌고 오체투지하여 부처님을 우러러 눈물을 흘렸다. 그때 지혜제일 사리불이 옷을 바로하고 오른쪽 어깨를 드러내고 부처님께 여쭈었다.

"세존께서는 아까 산 위에서 가장 지혜로운 이를 찬탄하셨는데 그런 말씀은 여태까지 한번도 말씀하신 적이 없습니다. 이 대중들이 목마르게 원하는 것은 미래불이 열 감로도(甘露道)와 미륵이라는 이름과 공덕·신력·국토의 장엄에 대한 부처님의 말씀을 듣는 일입니다. 또 어떻게 선근(善根)·계(戒)·시(施)·정(定)·혜(慧)·지력(智力)을 닦아야만 미륵을 만나 볼 수 있습니까? 또 어떠한 마음으로 팔정도를 닦아야 합니까?"

염부제의 미래 상황

이에 부처님은 사리불에게 답변하셨다.

사리불아, 사대해의 수면이 3천 유순 줄어들 때 염부제의 땅은 거울처럼 평탄하고 온갖 희한하고 아름다운 꽃과 열매가 온 천지를 덮고, 우거진 숲에도 수목이 울창하고 꽃과 과일이 아름답고 탐스러워 제석천의 환희동산보다 낫다. 도읍이 즐비하여 닭이 날아 다닐 수 있을 정도로 잇닿아 있고, 추위·더위·바람·불 등으로 인한 질병과 고통이 없으며, 사람의 수명은 8만4천 세를 누리고 요절하는 일이 없고, 사람의 키는 모두 16장(丈)이나 되며 지극히 안락한 생활을 한다. 깊은 선정에 드는 일을 낙으로 삼고, 오직 세 가지 병이 있다면 음식과 대소변과 노쇠뿐이며. 여자는 500세가 되어서야 시집을 간다.

계두말성

그 세계에 계두말(鷄頭末)이라는 큰 도성이 있는데 칠보로 장엄되어 있으며 자연히 화생한 칠보의 누각은 아름답고 깨끗하다. 칠보의 가로수가 줄지어 서 있고 개울의 양쪽 둔치에는 금모래가 깔렸고 도로는 너비가 12리나 되며 하늘동산처럼 깨끗하다. 대용왕이 있어 항상 야밤중에 향수를 뿌리기 때문에 길에는 먼지가 없고 윤기가 난다. 그 세상 사람들의 복덕의 소치로 길거리에는 곳곳에 밝은 구슬기둥이 있어 밝기가 해와 같아 낮과 밤의 구별이 없으며, 곳곳에 금·은·진보·마니주 등이 산더미처럼 쌓여 있다. 또 대야차신이 있어 밤낮으로 도성과 백성을 보호하고 청소를 담당한다. 대소변을 볼 때에는 땅이 저절로 갈라지고 일을 마치고 나면 다시 합쳐진다. 그 세상 사람들은 늙어 죽을 때가 되면 스스로 산 속에 들어가 나무 밑에 앉아 편안하고 담박한 마음으로 부처님을 생각하면서 목숨을 마치며, 죽은 뒤에는 대개 대범천이나 어느 부처님 처소에 태어난다.

그 나라는 편안 무사하여 원적이나 도적의 근심이 없고, 도시와 시골은 문을 닫지 않아도 되며, 노쇠·물·불·전쟁 · 기근 · 독해의 재난이 없다. 사람들은 항상 자심으로 공경 · 화순하고, 모든 감관을 조복하여 언어가 겸손하다. 그 나라 사람들은 불살생계를 지니고 고기를 먹지 않기 때문에 모든 감관이 안정되어 있고 얼굴이 단정하고 위엄이 있다. 남녀노소는 거리가 멀거나 가깝거나 부처님의 위신력으로 서로 자유로이 만날 수 있다. 나라 안의 모든 원림과 욕지에는 팔공덕수(八功德水)가 가득하고, 뭇 새들이 묘한 소리로 노래한다. 그때 염부제는 전설의 향산처럼 늘 향기가 진동하고 적기에 비가 내려 벼는 천신의 힘으로 한 번 심어 일곱 번 수확을 한다.

양거 전륜성왕

그때 그 나라에 양거라는 전륜성왕이 출현하여 네 가지 군대를 거느리고서도 무력을 사용하지 않고 천하를 다스린다. 32가지 대인상을 갖추고 천 명의 왕자를 두었는데 모두 용맹 단정하여 원적들이 스스로 굴복한다. 양거왕에게는 일곱 가지 보배가 있는 바, 그것은 금륜보 · 백상보 · 감마보 · 신주보 · 옥녀보 · 주장신 · 주병신이다. 이때 천 명의 왕자들이 각각 진귀한 보배를 가지고 와서 정전 앞에 칠보대(七寶臺)를 세우는데 30층에 높이는 13유순, 천 개의 머리와 천 개의 바퀴가 달려 있어 자유자재로 움직일 수 있다.

또 네 개의 큰 보배 곳간이 있어 곳간마다 4억의 작은 곳간이 둘러싸고 있다. 이발다 보장은 간다라국에 있고, 반축가 보장은 미제라국에 있으며, 빈가라 보장은 수라타국에 있고, 양거 보장은 바라나국의 고선산에 있다. 사대용왕이 각각 큰 곳간과 작은 곳간을 수호한다. 이들 곳간은 저절로 솟아올라 연꽃 같은 모양으로 열리는데 보배는 지키는 사람이 없어도 사람들이 조금도 탐내지 않고 돌이나 초목처럼 여기고 서로 보고 이렇게 말한다.

〈옛날의 중생들은 이 보배 때문에 서로 해치고 도둑질하고 거짓말하여, 생사 고뇌의 인연을 지었기 때문에 지옥에 떨어진 게로구나.〉

미륵의 출세

이때 성안에 수범마라는 바라문의 지도자가 있어 부인의 이름은 범마발제라고 하는데 성격이 곱고 부드러워 미륵이 그들을 부모로 삼아 태어나니, 몸은 자금빛으로 빛나고 32가지 장부상을 갖추고 연화좌에 앉으면 아무리 보아도 싫증이 나지 않는다. 힘은 장사요, 불가사의한 광명이 털구멍에서 나와 만물을 걸림 없이 비추는데 키는 석가모니불보다 더 커서 80주(肘), 즉 32장이나 된다.

미륵은 세간의 중생들이 오욕이 과하여 고통을 받고 생사의 고해를 헤매는 모습을 보고 불쌍히 여기고, 모든 것이 고(苦) · 공(空) · 무상(無常)함을 관찰하고 세속의 생활을 감옥처럼 싫어한다. 그때 양거왕은 많은 대신들과 백성을 데리고 칠보대를 가지고 와서 거기에 딸린 귀한 부속물과 함께 미륵에게 바친다. 미륵은 이것을 받아 여러 바라문들에게 보시하니 그들은 이것을 금세 분해하여 각기 나누어 가져 버린다. 미륵은 이 칠보대가 순식간에 부서지는 것을 보고 유위법(有爲法)은 다 닳아 없어진다는 것을 깨닫고 여러 과거불의 무상게를 찬탄한다.

이 세상 모든 것이 덧없는 것은	諸行無常
생겼다가 없어지는 법칙 때문이니	是生滅法
죽살이 인연만 끊어 버린다면	生滅滅己
적정의 즐거움이 거기 있네.	寂滅爲樂

그리고는 머리 깎고 출가하여 용화 보리수 아래에 앉아 도를 닦으니 출가한 그날 초저녁에 마군을 항복받고 아뇩다라삼먁삼보리를 이루어 성불한다. 이때 많은 천룡귀신은 하늘꽃비를 내려 부처님을 공양하고, 삼천대천세계는 여섯 가지로 진동한다. 그때 제석천·호세천왕·대범천왕과 무수한 천자들이 화림원(花林園)에 와서 부처님의 발에 머리 숙여 절하고 게송을 읊어 세 번이나 법문을 간청하니, 미륵불은 미소 지으며 말없이 이를 허락한다. 이때 양거왕은 8만4천의 대신들과 함께 화림원의 용화수 아래에 계신 미륵불을 찾아와 출가를 청하니, 머리를 채 들기도 전에 머리털과 수염이 저절로 떨어지고 가사가 걸쳐져 곧 사문이 된다.

계두말성의 법문

그때 미륵불은 양거왕과 함께 8만4천의 대신들이 둘러싼 가운데 무수한 천룡팔부와 더불어 계두말성에 입성한다. 발이 도성의 문지방을 밟자 사바세계는 여섯 가지로 진동하고 염부제의 땅은 금빛으로 변한다. 미륵불은 도성의 중앙에 자연히 솟아난 금강보좌에 앉아 고집멸도(苦集滅道)의 사성제와 37보리도품과 12인연을 설하니, 이때 대지는 여섯 가지로 진동하고 이 설법의 소리는 삼천대천세계까지 들리며 한없이 퍼져 아래로는 아비지옥에서부터 위로는 색구경천(色究竟天)까지 이른다. 그러자 8만4천의 바라문을 비롯하여 수달(須達, 수닷타) 장자, 이사달다(梨師達多)·부란나(富蘭那) 형제, 두 대신 범단말리(梵檀末利)와 수만나(須曼那), 양거왕의 총희 사미바제(舍彌婆帝), 태자 천금색(天金色), 미륵불의 친척 되는 바라문의 아들 수마제(須摩提) 그리고 양거왕의 일천 왕자도 왕위 계승자만 빼고 999인이 저마다 8만4천의 권속을 데리고 미륵의 불법에 출가한다.

그때 미륵불은 대자비심으로 대중들에게 이렇게 말한다. 〈너희들은 지금 생천(生天)의 낙 때문도 아니요, 현세의 낙 때문도 아니요, 오직 열반의 상락(常樂)을 구하기 위하여 내 처소에 왔다. 석가모니불께서는 오탁악세에 출세하시어 너희들을 교화하기 위하여 무던히 애를 쓰셨으나 어찌할 수 없어 오늘 나를 만나도록 내세의 인연만을 심어 주셨느니라. 여기에 모인 사람들은 모두 과거세에 불법에 귀의하여 갖가지 선근을 심은 공덕이 있는 사람들이다. 그러한 공덕의 예를 들면, 경·율·논을 읽고 남에게도 연설해 준 공덕, 옷과 음식을 보시하고 계행과 지혜를 닦은 공덕, 악기·깃발·일산·꽃·향·등명을 공양한 공덕, 승가에 일용품을 공양하고 팔재계를 지니고 자심을 닦은 공덕, 중생의 고뇌에 대하여 깊은 자비심을 일으켜 자기가 대신 그 고통을 받은 공덕, 지계와 인욕으로써 자비심을 닦은 공덕, 절을 세우고 문호를 열고 법회를 열어 대중에게 음식을 공양한 공덕, 계를 지니고 법문을 많이 듣고 선정을 닦은 공덕, 탑을 세우고 사리를 공양한 공덕, 어렵고 가난하고 고독한 사람이나 노예와 처형자 그리고 팔난업(八難業)을 지어 큰 고통을 겪는 사람을 구제한 공덕, 사랑하는 사람끼리 이별하고 붕당끼리 송사를 일으켜 고통 받는 사람들을 화해 붙인 공덕 등이다.〉

이어 미륵불은, 〈장하시도다! 석가모니불께서는 오탁악세에 나시어 이와 같은 백천만억의 악한 중생을 교화하시어 그들로 하여금 선근을 닦아 내 처소에 태어나게 하셨도다.〉하고 석가모니불을 세 번 찬탄하고, 다시 말하기를 〈석가모니불께서 3아승기겁에 걸쳐 너희들을 위하여 난행과 고행을 닦으시며 머리를 보시하고 눈·코·손·발·몸을 잘라 보시하는 등 온갖 괴로움을 받으신 것은 오직 팔정도를 실천하여 해탈을 얻게 하기 위함이었다.〉고 중생들을 안위한 다음, 색수상행식(色受想行識)의 오온이 괴롭고 공하며 덧없고 내가 없다는 것을 설하니, 이 첫 번째 법회에서 96억 인이 번뇌를 여의고 해탈을 얻어 아라한이 된다.

미륵불이 계두말성에서 나와 화림원의 중각강당(重閣講

堂)에 돌아오니 염부제의 여러 도읍과 마을의 소왕들과 부호들과 네 계급의 백성들이 다 모여 있는지라, 미륵이 다시 사성제와 십이인연을 설하니 두 번째 법회에서 94억 인이 아라한이 되고, 세 번째 법회에서 92억 인이 아라한이 된다.

설법을 마치고 여러 제자와 천룡팔부와 일체 대중을 데리고 걸식하기 위해 계두말성에 들어갈 때, 미륵불이 열여덟 가지 이적(十八神足)을 나타내 보이니 대범천왕과 제석천은 합장·공경하고 미륵불을 찬탄한다. 미륵불은 차례로 걸식을 마치고 여러 비구들을 이끌고 본래의 화림원으로 돌아와 깊은 선정에 들어 7일 7야 동안 선정에 든다.

기사굴산의 마하가섭

그때 미륵불은 전생의 억센 중생들과 여러 제자들을 이끌고 기사굴산으로 가서 낭적산에 오르니, 그때까지 멸진정(滅盡定)을 닦고 있던 마하가섭이 깨어나 석가모니불이 열반하실 때 미륵불에게 바치도록 부촉하신 석가모니불의 승가리를 미륵에게 건넨다. 이때 대중들이 여쭈었다.

〈오늘 이 산꼭대기에 사람의 머리를 가진 작고 추한 벌레가 사문의 옷을 입고 부처님을 예배하고 공경하는 것은 어찌된 영문입니까?〉

〈이 사람을 업신여기지 말라. 이 사람은 석가모니불의 제자 중에서 두타제일이라는 마하가섭이다. 몸은 금빛으로 빛났고 역시 금빛으로 빛나던 아내를 버리고 출가 수행하여 밤낮으로 정진하여 가난하고 천한 중생들을 불쌍히 여겨 항상 그들을 제도하고, 오직 법을 위하여 이 세상에 머물러 있었느니라.〉

미륵이 답하니 모든 대중이 그에게 예경을 올린다.

그때 미륵불이 석가모니불의 승가리를 받아서 입어 보니 겨우 양손의 두 손가락만 가릴 정도로 작으므로 대중들이 괴이하게 여기고 이렇게 탄식한다.

〈먼젓번 부처님의 몸이 저렇게 작았음은 다 그때 중생들이 탐욕이 과하고 교만했기 때문이다.〉

그때 마하가섭이 미륵불의 청에 따라 대중 앞에서 희한하고 놀라운 열여덟 가지 신통(十八變)을 보인 다음 석가모니불의 십이부경(十二部經)을 설하고 열반하니 80억 인이 속세의 때와 번뇌를 여의고 아라한이 된다.

마무리

미륵불은 세상에서 6만 세를 머무는 동안 불쌍한 중생으로 하여금 법안(法眼)을 얻게 하고 멸도하니 전륜성왕이 그 사리를 거두어 온 세계에 8만4천의 탑을 세우며, 그 정법(正法)은 6만 세를 머물고 상법(像法)은 2만 세를 머문다. 너희들은 더욱 정진하여 청정심을 일으켜 많은 선업을 쌓아라. 그러면 세간의 등불인 미륵불을 틀림없이 만나 볼 수 있을 것이다.

이상이 미륵대성불경의 간추린 내용입니다. 용화삼회에서 제도 받는 사람들에 대하여 보살처태경(菩薩處胎經) 권 제2에 의하면 첫째 법회에서 제도 받는 96억 인은 전생에 석가모니불로부터 오계를 받은 사람들이고, 둘째 법회에서 제도 받는 94억 인은 삼보에 귀의한 사람들이며, 마지막 법회의 92억 인은 한 번만이라도 부처님의 이름을 부른 사람들이라고 하면서 이들이 석가모니불의 교화를 받았으나 미쳐 제도 받지 못한 사람들임을 강조하고 있습니다.

하생경에 그려진 환상적인 지상 낙원은 미륵의 하생을 위한 전제조건입니다. 거기에는 명랑한 낙관주의가 짙게 깔려 있습니다. 그 살기 좋은 상태를 수미산 북쪽에 있는 울단월에 비교하고 있습니다. 나무와 꽃과 새 그리고 물이 만들어내는 꿈같은 자연환경은 도리천에 있는 제석천의 기쁨동산(歡喜園)보다 낫다고 적고 있습니다.

옷도 열매처럼 나무에서 열리고, 농사는 한 번 씨를 뿌려 일곱 번 수확하는 생산성 높은 직업으로 변해 있습니다. 의식주가 풍족한 가운데 야외에도 수세식 변소와 같은 것이 있는가 하면 매일 쓰레기를 치우고 청소를 하는 시스템이 마련되어 있고, 더욱 놀라운 것은 요즘 컴퓨터나 휴대전화에서나 볼 수 있는 장거리 화상 대화도 가능한 것으로 묘사되어 있다는 것입니다. 도적과 천재, 전쟁과 기근이 없는 태평세계에서 사람들은 무병장수하고 8만4천 세까지 살며, 탐진치의 삼독이 엷어 서로 공경하고 말씨도 곱습니다.

이 미륵의 지상 낙원을 가만히 들여다보면 숫자상의 과장만 빼고는 우리가 살고 있는 21세기의 문명사회와 닮은 데가 많습니다. 우리가 받는 인상은 이 지상 낙원이 현실과 동떨어진 별천지가 아니라 오히려 생활의 편의가 강조되고 있는 인간정토라는 사실입니다. 과학과 기술의 발달, 환경의 보호와 정화, 지속적인 인성 도야가 가져다 준 유토피아라고 할 수 있습니다. 사실 미륵경전의 작자도 곳곳에서 생활의 안락과 편의가 인간이 선업을 쌓은(積善) 결과라고 강조하고 있습니다.

우리가 천상의 정토인 도솔정토든 지상의 정토인 용화세계든 부처님의 힘에 의지하여 정토에 왕생하는 궁극적인 목적은 살기 좋은 환경에서 온당한 수행을 닦아서 성불하는데 있는 것입니다. 이 이상향은 지구상의 어느 구석에 숨겨진 비경이 아니라 미륵의 하생을 염원하면서 사람들이 열심히 노력하여 일구어 놓을 인간정토라고 이해할 때, 그것은 이미 허황된 이미지가 아니라 오히려 우리 인간들이 노력해서 도달할 수 있는 목표로 다가설 것입니다.

하생경에서는 중생들이 많은 공덕을 닦아 미륵의 지상낙원에 왕생하는 것을, '나(미륵)의 처소에 왔다(來至我所).' 또는 '나의 처소에 태어났다(來生我所).' 라고 표현하고 있습니다. 미륵대성불경에서는 중생들이 닦아서 지상의 인간정토에 왕생할 수 있는 공덕을 열한 가지 열거하고 있습니다.

이로 봐서도 미륵이 추구하는 이상향이 우리 인간세계와는 동떨어진 먼 천상의 어디쯤이 아니라, 바로 우리가 발 딛고 살아가야 하는 현실세계임을 알 수 있습니다.

미륵신앙의 유형

미륵경전의 이야기를 마무리하면서 미륵신앙의 유형을 살펴보기로 하겠습니다. 미륵신앙에서 핵심이 되는 문제는 수행자와 미륵이 몸소 만날 수 있는 가능성입니다.

경전에서는 이것을 '치우(値遇)', '득견(得見)' 또는 '내지아소(來至我所)', '내생아소(來生我所)' 라는 말로 표현하고 있습니다. '만나다', '내 처소에 오다', '내 처소에 태어나다' 라는 뜻입니다. 보통 미륵신앙 하면 하생신앙과 상생신앙으로 치부해 버리지만, 또 사실 그것이 맞는 말이기도 하지만, 잰 내티어(Jan Nattier) 교수는 ≪Maitreya, the Future Buddha≫(미래불, 미륵)이라는 책에서 경전을 근거로 한 신앙과 과거에 실제로 유행한 신앙을 심층 분석하여 네 가지 유형을 제시하고 있습니다.

미륵신앙에 대한 개념을 정리하는 데 큰 도움이 될 성싶어서 아래에 소개합니다. 내티어 교수의 유형은 미륵과 수행자가 어디에서 만나느냐 — 즉 이 지구상이냐, 도솔천이냐 — 와, 언제 만남이 이루어지느냐 — 즉 생시냐, 사후냐 — 의 두 인수를 조합하여 만든 것입니다.

Here / later (여기에서/나중에) 유형

이 유형은 수행자가 이 지구상에서 미륵을 만나되 자기가
죽은 다음에 만나기를 기대하는 유형입니다. 여기에서 말하
는 이 지구상이란 오탁악세의 지금의 사바세계가 아니라 56
억7천만 년 뒤에 이미 실현된 지상 낙원을 말하는 것입니
다. 그러므로 이 유형은 하생경과 성불경에서 설하고 있는
전형적인 하생신앙입니다. 이 아득히 먼 미래에 다시 인간
으로 환생하여 미륵을 만나기 위해서는 경전에서 설하고 있
는 열한 가지 공덕을 쌓아야만 가능합니다.

There / later (저기에서/나중에) 유형

이 유형은 수행자가 사후에 환상적인 도솔천에 왕생하기
를 희망하는 유형입니다. 이것은 상생경에서 설해지고 있는
정통 상생신앙인데 하생신앙의 징검다리 역할을 합니다. 즉
장구한 세월을 고통과 번뇌의 사바세계에서 기다리느니, 차
라리 쾌락의 도솔천에 왕생하여 그 곳에서 불도를 닦으며
기다리겠다는 신앙입니다. 미륵보살을 일찍 친견할 수 있을
뿐만 아니라 용화세계에 왕생할 수 있는 확률도 높아진다고
볼 수 있습니다. 도솔천 내원을 미륵정토라고 부르므로 이
유형은 미륵정토신앙이라고 할 수 있습니다. 상생신앙은 일
단 도솔천에 왕생하여 미륵보살을 친견하고 나중에 미륵을
따라 염부제에 하강하여 맨 먼저 법문을 듣는 영광까지 포
함하고 있습니다. 도솔천에 왕생하기 위해서는 상생경에서

설하고 있는 여러 공덕을 닦아야만 가능합니다.

There / now (저기에서/지금) 유형

이 유형은 수행자가 명상이나 관법을 통하여 지금 즉시 도솔천에 계신 미륵보살을 친견하기를 원하는 신앙 유형입니다. 삼매를 통하여 도솔천의 장엄함과 미륵보살의 수승함을 관함으로써 도솔천 상생을 체험하는 것이므로 '삼매 상생신앙'이라 할 수 있습니다. 이 수행 방법을 원효 스님은 번갯불 삼매라고 부르고 있는데, 적어도 관법에 관한 지식과 경험이 있는 이른바 '상품인(上品人)이 시도할 수 있는 것'이라고 말합니다.

Here / now (여기에서/지금) 유형

이 유형은 수행자가 생시에 이 지구상에서 미륵을 만나기를 원하는 유형입니다. 여기에서 말하는 이 지구는 오탁악세의 현 사바세계를 말합니다. 따라서 이 유형은 미륵이 구세주로서 지금 당장 출현하기를 고대하는 신앙 유형입니다. 그러나 이 유형은 이를 뒷받침하는 경전이 전혀 없으므로 정통이 아닌 이단적인 신앙이라 할 수 있습니다. 왜냐하면 미륵이 출세할 56억7천만 년이란 세월은 임의로 단축할 수 있는 시간이 아니기 때문입니다.

그러나 이단이라고 해서 다 나쁜 것은 아닙니다. 신라 때 흥륜사의 스님 진자(眞慈) 법사가 당주인 미륵불 앞에서 대성께서 화랑으로 이 세상에 출현하기를 기도한 결과 미륵이 미시랑(未尸郎)으로 화신하여 나타나매 국선(國仙)으로 삼았다는 이야기는 좋은 예에 속합니다. 반면에 궁예가 철원에 도읍을 정하고 태봉이라는 나라를 세웠을 때 그는 스스로를 미륵불이라 칭하고 머리에 금관을 쓰고 몸에 가사를 걸치고, 큰 아들은 청광(靑光)보살, 막내아들은 신광(神光)보살이라 하였으며, 또 스스로 가짜 불경 20여 권을 지었습니다. 이것은 당시의 어지러운 국내 상황을 타개하기 위한 정치적인 목적에서 나온 것이지만 좋지 않은 예라 할 것입니다. 차라리 미륵과 동시에 출현하게 되어 있는 전륜성왕이라고 사칭하면 모를까 미륵이라면 이치에 닿지 않습니다. 그래서 이 유형은 흔히 혁명적인 목적에 이용되어 왔습니다.

미륵의 나라 ─

다시 미륵의 도상을 찾아서

거상 또는 거불이라 하면 우리나라에서는 보통 장륙불상(丈六佛像, 약 5m) 이상의 것을 두고 말합니다. 물론 거상은 아무 여래상이나 보살상, 예를 들면 석가여래상이나 비로자나불상, 약사여래상과 관세음보살상에도 있지만 미륵상에 더 많은 것 같습니다. 또 환조의 석불에도 거상이 많지만 천연의 바위에 새긴 마애불에도 거상이 많습니다. 중국에는 하서회랑(河西回廊)을 따라 만들어진 석굴과 유명한 3대 석굴 — 용문석굴, 돈황 막고굴, 대동 운강석굴 — 에 거대한 미륵불상이 많습니다.

거불의 수수께끼

우리나라에서 가장 키가 큰 석불은 논산관촉사석조보살입상으로 신장이 18.12m이며, 그 다음은 충주미륵리석불입상으로 10.60m입니다. 영암월출산마애여래좌상이 8m, 선운사마애여래좌상은 7m에 이릅니다.

미륵에 거상이 많은 데는 응당 역사적·사회적·경제적인 요인이 작용했겠지만 미륵신앙과도 관계가 있는 것으로 보입니다. 미륵경전에 미륵의 거구를 암시하는 부분이 많기 때문입니다. 그러면 미륵의 키는 얼마나 되며 석가모니불과는 어떻게 비교가 될까요?

가장 오래된 미륵경전의 하나인 미륵래시경(彌勒來時經)에서는 미륵은 바라문 출신으로 32상 80종호를 갖추고 '신장은 16장(丈)'이라 명기하고 있습니다. 또 관불삼매해경(觀佛三昧海經) 염칠불품(念七佛品)에서는 과거칠불의 키와 미륵의 키를 명시하고 있는데 즉 비바시불·시기세존·비사세존·구루손불·구나함모니불의 5불까지는 유순(由旬)이라는 공상적인 단위를 사용하여 각각 60·42·32·25·20유순이라 했고, 가섭세존은 16장, 석가모니불은 장륙(丈六) 그리고 마지막으로 미륵세존은 16장이라 적고 있습니다. 유순은 약 7km이므로 과거칠불 중 앞의 다섯 부처님의 키는 너무 황당하니 논외로 하고 뒤의 세 부처님만 비교해 보면, 가섭불·석가모니불·미륵불의 신장이 각각 16장·장륙(1.6장)·16장으로 되어 있어 과거불인 가섭불과 미래불인 미륵불의 키가 석가모니불의 꼭 10배가 됩니다.

가장 완비된 미륵경전인 미륵대성불경에는 그때 사람들의 키는 16장이고 수명은 8만4천 세를 누리며, 미륵의 키는 "석가모니불보다 커서 80주(肘, 즉 32장)나 된다."고 적고 있어 이 경에서는 미륵의 키를 보통 사람의 두 배로 잡고 있습니다. 물론 이러한 수치는 인도 특유의 과장법에 의해서 부풀려 있을 것입니다. 심지어 이 경의 마지막 부분에는 이런 대목까지 나옵니다. 미륵불이 기사굴산에서 마하가섭에게서 석가모니불의 유품인 가사를 건네받아 몸에 걸쳐보니 겨우 한 손에 두 손가락씩만 가릴 정도여서 대중들이 의아해 한다고 적고 있습니다.

충남 논산에 있는 일명 '은진미륵(恩津彌勒)'이라고 부르는 관촉사석조미륵보살입상은 현존하는 국내의 석불 가운데 최대의 것으로 높이 18.12m의 고려시대 석불입니다. 머리에 원통형 고관을 쓰고 그 위에 네모난 2층 천개(갓)를 올려놓았는데 네 귀퉁이에 청동 풍경이 달려 있습니다. 사적기에 따르면 원래는 보관에 1m가 넘는 황금 화불을 장착했었다고 합니다. 사다리꼴 얼굴의 양미간에는 백호가 있고 목에는 삼도가 뚜렷합니다. 오른손은 가슴에 올려 내장한 채 연꽃 가지 대신 철사를 들었는데 원래는 3m가 넘는 연꽃

68 관촉사석조미륵보살입상
보물 제218호. 고려시대. 상고 18.12m.
충남 논산시 관촉동 관촉사.

가지를 들고 있었다고 하며, 왼손은 들어서 엄지와 가운뎃 손가락으로 삼각형을 만들어 보이고 있습니다.

이 미륵은 혜명 스님이 조정의 명을 받아 970년(고려 광종 21년)에 시작하여 37년 만에 완성하였는데 머리와 상·하체 부분을 세 개의 화강암으로 조각하였습니다.

은진미륵에 얽힌 조성 당시의 설화와 그 후의 영험담을 전하고 있는 관촉사사적명(灌燭寺事蹟銘)에 따르면 968년 반야산에서 고사리를 뜯던 여인이 어린아이 울음소리와 함께 큰 돌이 땅에서 솟아나와 있는 것을 발견하고 조정에 보고를 했습니다. 조정의 명을 받은 혜명 스님은 이 돌을 가지고 장인 100여 명을 거느리고 970년에 조성을 시작하여 37년 만에 세 동아리로 된 불상을 완성하였습니다. 그러나 너무 커서 세우지 못하고 고민하던 중 한 쌍의 동자가 흙으로 만든 삼등신불(三等身佛)을 모래를 쌓아 차래로 올리며 노는 것을 보고 암시를 얻어 드디어 이 거불을 세울 수 있었다고 합니다.

관촉사사적비는 경내 미륵상의 왼쪽에 있습니다. 안동 권륜(權倫)이 비문을 썼고 1743년(영조 19년)에 세웠습니다. 석불을 세우기까지의 자세한 경위와 세우고 난 후의 이적을 흥미진진하게 적고 있습니다.

관촉사사적비명

옛 것을 살펴보니 고려 광종 19년(968년) 기사년에 사제촌 (沙梯村)의 한 여자가 반약산(盤藥山) 서북쪽 모퉁이에서 고 사리를 뜯는데 홀연히 아이의 우는 소리가 들렸다. 급히 달려 가 보았더니 큰 돌이 땅에서 솟아나 있었다. 마음 속으로 놀 라고 괴이하게 여겨서 돌아와 그의 사위에게 이야기했더니 그는 곧 현감에게 일러바쳤고 관에서는 조사하여 위로 보고 하게 되었다. 조정에서는 백관을 소집하여 회의를 열고 말하 기를 "이는 반드시 불상을 만들라는 징조다."하고 상의원(尙 醫院)을 시켜서 사자를 팔도에 보내어 공사를 맡아 불상을 만들 사람을 널리 구하니 혜명(慧明) 스님이 천거되었다.

조정에서는 공장 100명을 선발하여 경오년(970년)에 일 을 시작하여 병오년(1006년)에 준공하였으니 무려 37년이 걸렸다. 불상을 다 만들고 나서 도량에 안치하기 위하여 드 디어 천여 명이 힘을 합하여 함께 운반하였는데 선두가 연 산 땅 남촌의 20리까지 뻗쳤으니 이로 인하여 그 마을 이름 을 '우두촌(牛頭村)' 이라고 하였다.

혜명이 비록 불상을 만들기는 하였으나 미처 세우지 못해 걱정하던 중 마침 사제촌에 이르렀을 적에 한 쌍의 아이가 장난으로 진흙을 가지고 세 동아리의 불상을 만들고서 땅을 평평하게 고른 후 먼저 밑 부분을 세우고 모래와 흙을 쌓고, 다음에 중간 부분을 세울 때에도 또 이와 같이 하여 마침내 그 끝 부분을 세우는 것이었다. 혜명이 익히 보고 크게 깨달 아 기뻐하고 돌아와서 그 방법과 같이 하여 그 불상을 세웠다. 아마도 그 동자는 곧 문수·보현의 두 보살이 변신하여 가르침을 주고자 했던 것이리라.

불상의 키는 55척 5촌이요, 둘레는 30척이요, 귀의 길이는 9척이요, 양미간은 6척이요, 입은 3척 5촌이요, 화광(火光)은 5척이요, 관의 높이는 8척이요, 큰 갓은 사방이 너비 11척이요, 작은 갓은 6척 5촌이요, 작은 금부처는 3척 5촌이요, 연꽃 가지는 11척인데 황금을 입히거나 자금으로 꾸몄다. 이에 사방에서 소식을 듣고 백성들이 구름처럼 몰려와 불상에 경례하는 사람들이 장터를 이룬 듯하였다. 그러므로 그 앞의 시내를 '시진(市津)'이라고 이름을 붙였다.

불상을 세우고 나서 하늘에서 큰 비가 내려 불신을 세척하니 서기가 자욱이 서렸다. 삼칠일(21일)이 되자 미간의 옥호빛이 온 천지를 밝게 비추었다. 중국의 승 지안(智眼)이 이 기운을 바라보고 찾아와서 부처님께 예를 올리고 말하기를, "가주(嘉州)에 큰 불상이 있는데 역시 동쪽을 향해 서서 광명이 동시에 서로 호응한다."고 하므로 '관촉사(觀燭寺)'라 이름을 지었다. 이 일이 있은 후로 상서로운 기운이 때때로 불상에서 나와 곧바로 중천 밖을 비추니 팔방의 승려와 속인, 나라 안의 귀하고 천한 무리들이 공경해 받들지 않는 이가 없었다.

옛날 당나라에 난리가 일어나 적병들이 압록강에 이르렀을 때 이 불상이 갈대 삿갓을 쓴 중으로 화신하여 옷을 걷고 강을 건너니 무리들이 그 물이 얕은 줄로 알고 물 속으로 달려 들어갔다가 빠져 죽은 자가 반수를 넘었다. 당나라 장수가 칼을 가지고 그를 치니 그 삿갓은 동강나고 쓰고 있던 관은 저절로 깨졌는데 그 표시가 지금도 완연히 남아 있으니, 그 나라를 위하는 정성을 가히 알 수 있다.

국가가 태평한 즉 온 몸에서 광택이 나고 서기가 하늘에 서리며, 난리가 나면 온 몸에 땀이 흐르고 손에 든 꽃이 빛을 잃었다. 조정에서 관원을 보내어 축원해 말하기를, "삼가 비오니 재앙을 해소해 주시고 나라와 백성이 편안하게 지낼 수 있게 해 주소서." 하였다. 예로부터 풍속이 정성을 다하여 존경하고 숭배하면 음으로 돕지 않음이 없었다. 모든 일을 기도하면 각각 그 원에 따라 이루어졌으니 그 되갚음의 영험이 또한 이와 같았다. 낡은 사적비에 적힌 글자가 파손이 심하여 다 알아보기 어렵다.(후략)

비문을 쓴 권륜은 낡은 그 전의 사적비문을 참조하여 새로운 비문을 썼다고 말하고 있으므로 그 내용이 덮어놓고 허무맹랑하지만은 않을 것입니다. 또 사제촌(沙梯村)·우두촌(牛頭村)·시진(市津) 등 지명에 대한 글쓴이의 관심이 놀랍습니다.

중국의 낙산대불(樂山大佛)

관촉사 사적비명에 나오는 '가주대상(嘉州大像)' 이란 지금의 중국 사천성에 있는 낙산대불을 말합니다. 정식 명칭은 '가주능운사대불(嘉州凌雲寺大佛)' 이며 크기가 71m나 되는 세계 최대의 불상입니다. 유네스코가 지정한 세계 문화유산입니다.

낙산의 옛 이름을 가주라 하였는데 도읍의 동쪽 500m쯤 되는 지점에서 민강(岷江)·청의강(靑衣江)·대도하(大渡河)의 세 강이 만나는 곳에 수려하고 웅장한 능운산이 솟아 있습니다. 대불은 능운산 아래 세 강의 격류가 서로 부딪치는 곳에 도사리고 있습니다. 미륵불의 발은 강에서 불과 몇 걸음밖에 떨어져 있지 않습니다. 그래서 소동파(蘇東坡)도 고향인 미산(眉山)을 떠나 벼슬길에 오를 때 '初發嘉州(초발가주)' 라는 시에서 이렇게 읊고 있습니다.

錦水細不見(금수세불견) 금수는 멀어서 보이지 않고

蠻江淸可憐(만강청가련) 만강의 물은 맑아서 좋구나.

奔騰過佛脚(분등과불각) 용솟음치는 파도 속에 부처
　　　　　　　　　　　　발을 지나고

曠蕩造平川(광탕조평천) 망망한 평지에 배는 다다랐네.

69 낙산대불
ⓒ이용남

　금수(錦水)는 촉(蜀)의 명산품인 비단을 씻기에 알맞다고
해서 붙여진 민강(岷江)의 별명이며, 만강(蠻江)은 이민족
이 사는 땅에서 발원한다고 해서 얻은 청의강(靑衣江)의 별
명입니다.
　불상은 조형상 의좌식(倚坐式) 미륵불이며 두 손을 각각
양 무릎 위에 얹고 있습니다. 이것을 중국에서는 선가부좌

(善跏趺坐)라고 부릅니다. 전체적으로 볼 때 손·발·머리 부분이 두드러지고 나머지 부분은 대강 처리했는데 얼굴 부분은 비교적 정밀하게 다듬었습니다. 머리는 고수머리이며 네모난 얼굴에 입을 굳게 다문 채 신비한 웃음을 머금고 있으며 근엄한 인상을 풍깁니다. 코는 삼각형의 뭉뚝코를 이루었으며 목과 어깨는 경직되어 보이고 양다리는 둥근 기둥 같이 생겼습니다.

불상이 워낙 커서 구경하는 사람들이 개미 같이 작아 보입니다. 머리 높이가 11.1m, 어깨 넓이가 28m, 발등에서 무릎까지의 높이가 28m, 발등의 넓이는 8.2m입니다. 발등 위에는 100명 이상이 둘러앉을 수 있습니다. 불상 옆에는 아홉 굽이의 사다리길이 마련되어 있습니다. 특히 불상 뒤에 산수의 유입을 막기 위하여 설비된 완벽한 배수 시설은 현대인의 혀를 내두르게 합니다. 그래서 이 낙산대불을 두고 세칭 '산이 하나의 불상이요, 불상이 하나의 산(山是一尊佛, 佛是一座山)' 이라고 말합니다.

이곳은 우기만 되면 강물이 범람하여 배가 자주 전복되고 인명의 피해가 많았는데 이러한 강물의 억센 기운을 잠재우고 왕래하는 선박의 안전을 기원하기 위하여 당나라 스님 해통(海通)이 착공하여 무려 90년이라는

70
괴산미륵리석불입상
보물 제96호. 고려시대. 상고 10.6m.
충북 충주시 상모면 미륵리 사지.

세월 끝에 이 미륵대불을 완성했다고 합니다. 1990년 대불의 왼쪽 어깨 맞은편 암벽에서 북송 때(1127년) 쓴 것으로 판명된 '彌勒大像(미륵대상)' 이라는 네 글자가 발견되었습니다.

충북 충주에 있는 괴산미륵리석불입상은 높이 10.6m의 고려시대 석불입니다. 이 석불은 네모꼴 석굴사원에 서 있는데 나발의 머리 위에 팔각형 갓을 썼고 오른손은 가슴에 들어 내장했으며 왼손은 가슴 아래에서 둥글고 큰 여의주를 들었습니다.

1977년 절터에서 '彌勒堂草(미륵당초)'라고 새겨진 기와가 출토되었습니다. 전설에 따르면 신라 경순왕의 왕자인 마의태자가 935년(경순왕 9년) 신라가 망하자 이곳에 와서 불상을 조성하고 금강산으로 들어갔고, 여동생인 덕주공주(德周公主)는 월악산에 들어가 덕주사 마애불상(보물 제406호)을 조성했다고 합니다.

전남 영암에 있는 월출산 마애여래좌상은 월출산 구정봉(九井峰) 7부 능선에 좌정하여 서쪽을 바라보고 있는데 좌상인데도 높이가 8m나 되는, 석굴암 본존불의 배가 되는 거대하고도 아주 멋진 불상입니다. 민머리에 육계가 솟았고 법의는 편단우견하였으며 대좌는 법의의 옷자락이 덮은 상현좌(裳懸座)를 이루고 있습니다. 항마촉지인을 짓고 있는 유달리 큰 손은 부처님이 정각을 깨친 성도의 뜻을 한층 드높이는 듯합니다.

필자가 조카사위와 함께 이 마애불을 찾아간 날은 마침 광주에서 온 젊은 아낙네 열두 분이 이미 부처님께 공양을 마치고 막 식사를 시작할 참이었습니다. 보자 하니 앞앞이 배낭을 메고 등산복 차림을 한 맵시 있고 건강미가 넘쳐 보이는 일행이었습니다.

"우리 열 두 사람은 같은 계원인데요, 매월 초하루에 여기 와서 거룩한 부처님께 공양을 드려요."

같은 신행단체 회원들인 그들은 정기적으로 먼 광주에서 이곳까지 와서 부처님께 치성을 드린다고 했습니다. 식사를 마치고 우리에게 남은 과일과 떡을 건네며 마애불 앞으로

▲ 71
월출산마애여래좌상
국보 제144호. 고려 초기. 상고 8m.
전남 영암군 영암읍 회문리.

◀ 71-1
월출산마애여래좌상
우하단 보살상

다가가던 아낙네 한 분이 우리를 불렀습니다.

"여기 좀 보세요. 이 부처님 누군지 아세요? 약사여래에요. 선재동자가 아니예요."

묻지도 않은 존명까지 일러주기에 가리키는 곳을 자세히 보니 과연 불상의 오른 쪽 무릎 옆, 광배 모서리에 오른손에 약호를 든 조그만 입상의 불상이 조각되어 있었습니다.

자식 공부 잘 하고 건강하게 해 달라고 비는 것이겠지만 다른 데도 아닌 이 높은 산중까지 올라와서, 그것도 국보급 불상에게 치성을 드린다는 것이 어디 쉬운 일입니까? 미륵이든 아니든 줄기차게 맥을 이어 가고 있는 불상 신앙의 현장을 목격하니 흐뭇하고 반가운 마음이 어찌 안 들겠습니까.

72
월출산마애여래좌상 전방에
서 있는 삼층석탑

마애불 전방의 너덜겅 너머로 150m쯤 되는 곳에는 뾰족한 자연 바위를 지대석으로 삼고 서 있는 삼층석탑이 하나 있습니다. 이 조그만 석탑은 왜 이런 어려운 자리에 억지로 서 있을까요? 여기에는 필시 무슨 이유가 있지 않을까요? 이 소형 석탑을 가만히 보고 있노라니, 설사 그것이 후대에 추가된 것일지라도 그것은 미륵과 한 짝을 이루는 소탑으로서 이 마애불이 미륵임을 알리는 표지 역할을 하고 있다는 생각을 지울 수가 없었습니다.

마애불에서 아래로 계단을 내려가면 꽤 넓은 평지가 나타납니다. 여기에는 약수터가 있는데 잠시 쉴 참에 하늘을 쳐다보다가, 문득 언덕 위에서 위용을 드러내는 삼층석탑에 소스라치게 놀랐습니다. 여태까지 나무에 가려져 있었고 또 지대가 높아서 잘 보이지 않았던 것입니다. 이 심심산골, 더구나 높은 산봉우리에 거창한 석탑이 웬 일일까요? 석탑에서 한 계단 아래에 있는 석종형 부도 2기가 말없이 우리를 반겨 줍니다. 이곳은 용암사(龍巖寺) 터였습니다.

여기서 부끄러운 이야기 한 토막을 해야 하겠습니다. 이 산행은 처음부터 잘못된 산행이었습니다. 마애불을 보러 가려면 오르기 쉽고 시간이 덜 걸리는 월남사지—청소년야영장—금릉경포대—바람재—구정봉 코스를 택했어야 했는데, 자주 다니던 곳인데도 8년 만에 다시 가는 산행이라 그걸 깜빡하고 개신리—천황사—천황봉—구정봉 코스를 타 버렸던 것입니다. 그러니 기진맥진한 상태에서 목적지인 마애불에 도착했을 때는 이미 오후 3시가 넘어 버렸습니다. 게다가 밥 먹고 사진 찍고 이야기를 하다 보니 많은 시간이 흐르고 말았습니다. 그러다 보니 올라왔던 길로 돌아갔어야 하는 데서둔 나머지 그만 곧장 아래로 하산을 시작했습니다.

줄달음질을 치면서 내려오는데 해는 무정하게도 뉘엿뉘엿 넘어갔습니다. 어둠 속을 나뭇가지와 덤불에 할퀴고 계곡물에 발을 헛디디기도 하면서 허둥지둥 내려 왔으나 어두워서 출구를 찾지 못해 그만 호숫가에서 하룻밤을 지새우게 되었습니다. 나중에 안 사실이지만 이곳은 대동제 상수원

구역으로 출입통제 지역이었던 것입니다. 아무리 그렇더라도 하산길을 막아 놓다니……. 그러나 저러나 등산 간다는 사람이 휴대전화도 플래시도 비상식량도 없이 나왔으니 벌을 받아 마땅했습니다.

11월 초순이었는데 다행이도 그다지 춥지 않고 달빛까지 훤한 고요한 밤이었습니다. 과자 부스러기를 먹으면서 머리를 짜보았으나 묘책이 나오질 않았습니다. 등산로 입구에 있는 주차장에 차를 세워 놓고 왔으니 필경 군경의 수색작전이 펼쳐질 것이 예상되었지만 그럴 경우 어떻게 변명을 하느냐 그것이 걱정이었습니다. 하지만 그런 걱정도 잠시뿐이었고 밤이 깊어지면서 기온이 떨어지자 우리는 달려 보기도 하고 뛰어보기도 했지만 추위를 견디기에는 너무도 힘들었습니다. 서로 껴안고 있기를 몇 번씩이나 반복하며 추위를 이겨내던 우리는 자연스럽게 누가 먼저랄 것도 없이 이야기를 하기 시작했습니다.

군에 복무하고 있던 조카사위는 자기의 어려웠던 성장 과정과 군 생활에서의 잘잘못, 앞으로의 꿈과 희망 그리고 결혼 생활의 갈등과 같은 이야기를 봇물처럼 쏟아냈습니다. 우리들이 그렇게 시간과의 싸움을 치르고 있던 그 시간, 주차장에 차가 그대로 있는 것을 확인한 가족들은 우리가 산중에 있을 것으로 판단하고 국립공원과 경찰 그리고 부대에까지도 수색을 의뢰하는 등 한바탕 난리를 치루고 있었습니다. 게다가 조난 사고를 접한 서울과 지방의 친척들은 또 그들대로 장례 치를 각오를 하고 속속 영암으로 몰려들고 있었으니 참으로 우스운 꼴이 되고 만 것입니다.

날이 밝아지자마자 우리는 사지에서 탈출이나 하듯 호숫가를 떠나 강의 둔치로 올라섰습니다. 그때였습니다. 어디선가 헬기 소리가 들려오더니 수면 위를 훑고 지나가는 플래시 빛이 보이는 게 아니겠습니까. 군경의 합동 수색작전이었습니다. 그들은 다년간의 경험에 비추어 회문리의 대동 저수지가 틀림없다고 지목하고 새벽이 되자 이곳부터 먼저 수색을 시작한 것입니다. 그렇게 구조되었을 때 한 형사가 묻던 말이 아직도 기억에 생생합니다.

"밤새 무엇 하고 시간을 보냈습니까?"

전북 고창에 있는 선운사동불암지마애여래좌상은 선운사 도솔암에 있습니다. 일반적으로 도솔암이라고 하지만 사실은 도솔암에는 상도솔암과 하도솔암 두 개가 있습니다. 낙조대로 가는 등산로변에 있는 암자가 하도솔암이고, 거기서 가파른 365단의 계단을 올라간 곳에 있는 암자가 상도솔암입니다. 즉 도솔천 내원궁이 그것입니다.

하도솔암에서 서쪽으로 나한전의 모퉁이를 돌아가면 모양새 좋은 노송이 대여섯 그루가 있고 바로 그 오른쪽에 깎아지른 듯한 절벽이 있는데 마애불은 거기에 새겨져 있습니다. 총 높이 13m의 거대한 좌상으로 연꽃 위에 마련된 높다란 3단 수미좌 위에 결가부좌하고 있습니다. 육계·백호·삼도가 있고 눈 꼬리가 치켜 올라갔으며 코는 오똑하고 입은 미소를 머금은 듯 한일자로 깁니다. 두 손은 아랫배에 대고 있습니다. 머리 위쪽에는 여러 군데에 네모난 구멍과 쇠못이 남아 있는 것으로 보아 원래는 여기에 누각이나 전실

73 선운사동불암마애여래좌상
보물 제1200호. 상고 7m. 전북 고창군 아산면 삼인리 서운사 동불암지.

을 만들었던 것 같습니다. 조선시대 말 이곳에 있던 동불암
이 폭풍으로 파괴되었다고 하니 그 흔적인지도 모릅니다.

가슴 한가운데는 검단선사(黔丹禪師)의 비기(秘記)가 나
왔다는 네모난 구멍이 있습니다. 구전에 의하면 조선말에
이서구(李書九) 관찰사가 가슴의 구멍을 처음 열어보았더
니 뇌우가 일어나서 그대로 닫아 버렸으나 그 속에 '李書九
開坼(이서구개탁)' 이라는 글자가 들어 있었다고 하며, 동학
혁명 당시에는 동학의 접주 손화중이 이 비기를 꺼내 미륵
의 출현을 내세움으로써 민심을 모았다고 합니다.

전북 남원에 있는 용담사지석불입상은 6m 높이의 장대한 입상이지만 안타깝게도 박락이 심하여 그 윤곽만 알 수 있을 뿐입니다. 그럼에도 불구하고 이 석불은 석등을 가운데 두고 9.95m의 시원하게 뻗은 7층석탑과 마주보고 있어 좁은 공간에서 일대장관을 이루고 있습니다. 광배와 불신을 한 돌로 조각했는데 높이 솟은 육계에 통견차림의 법의를 입고 타원형의 이중대좌 위에 서 있습니다. 수인도 식별이 어려우나 팔과 손의 위치로 보아 양손을 배 앞에 모은 듯 합니다.

74 남원용담사지석불입상
보물 제42호·고려시대·상고 6m.
전북 남원시 주천면 용담리 용담사지.

전설에 의하면 옛날 이곳 깊은 연못 속에 용이 되지 못한 이무기가 살았는데 농작물을 헤치고 사람을 살상할 뿐만 아니라 처녀들을 놀라게 하는 등 온갖 행패를 부리자 도선국사(道詵國師)가 그 소리를 듣고 못 앞에 절을 세웠더니 그 뒤로는 이무기의 행패가 없어졌다고 합니다.

경주장항리사지석조여래입상은 국립경주박물관 안에 있습니다. 이 불상은 양팔이 잘려 나갔고 광배 일부가 파손된 채 상체만 남아 있는 입상입니다. 상처뿐인 불상이지만 현 높이가 2.5m의 거불인데다 상호가 명랑하고 복스러워 경주로 수학여행을 온 학생들은 물론 일반 관람객도 반드시라고 할 만큼 기념촬영을 하는 불상입니다. 그러나 이 불상을 보는 사람들이 만약 원래의 출토지인 장항리(獐項里) 절터의 장관을 알았더라면 지금의 심정과는 사뭇 달랐을 것입니다.

불상은 나발의 머리에 육계가 복발형으로 솟았고 백호와 삼도를 갖추었으며 법의는 통견으로 입었습니다. 유난히 길고 일직선에 가까운 눈과 반달형 눈썹 그리고 시원스런 얼굴이 인상적입니다. 수인은 오른손을 가슴 앞에 대고 내장했는데 새끼손가락을 구부렸습니다. 이 우수 내장의 수인 때문에 이 석불을 미륵으로 보고자 합니다. 거신광배는 두광과 신광에 한 줄의 원광대를 새기고, 원광대를 경계로 하여 내부에는 화불, 외부에는 불길무늬를 새겼습니다. 화불은 두광에 5구(현재는 3구), 신광에 6구(현재는 2구) 도합 11구가 있었을 것으로 추정합니다. 어떤 전문가의 복원작업에 따르면 이 여래상은 상고 약 3.7m, 대좌와 광배를 포함하

75 경주장항리사지석조여래입상
비지정. 8세기 중엽 통일신라기. 경북 경주시 인왕동 76번지. 국립경주박물관.

면 5.40m에 달하는 실로 거대한 입상으로, 크기로 치면 석
굴암의 본존상을 능가할 뿐만 아니라 조성 연대를 보더라도
그보다 더 올라간다고 합니다. 이 불상이 서 있던 8각대좌
는 현재도 장항리 절터에 남아 있습니다.
　장항리사지(사적 제45호)는 토함산의 동남에 위치하고
있는데 현재 금당터에는 불대좌가 남아 있고 그 오른쪽(향
좌)에 동·서 오층석탑이 나란히 서 있습니다.

소탑을 경배하는 미륵

사찰에서 불상을 모신 법당 앞에 석탑이 하나 또는 둘이 서 있는 것은 자연스러운 광경입니다. 그러나 노천에서 그 것도 서로 가까운 거리에서 석불과 석탑이 한 짝이 된 듯 의 좋게 마주보고 있거나 나란히 서 있는 광경은 색다른 것입니다. 그러나 이것은 도상에 관한 문제라기보다 조건상황이라 해야 맞을 것입니다.

미륵과 한 짝이 된 석탑은 대개 작고 아담하며 장식도 별로 없고 층수도 높지 않은 3층석탑입니다. 탑의 규모가 작은 것이 보통이지만 때로는 장대한 다층석탑도 있고 기단부나 탑신에 천왕상, 팔부신중 또는 불보살이 새겨진 장엄한 석탑도 있습니다.

이러한 미륵과 소탑 간의 특수한 상황은 양자간에 매우 긴밀한 관계가 있음을 암시합니다. 미륵과 탑 사이의 밀착 관계는 이미 정형화된 인도 미륵보살의 도상에 탑이 보관에 표시되는 것을 보아도 알 수 있습니다. 밀교의 의궤에도 미륵의 도상적 특징은 탑을 보관에 새기거나 손에 탑을 들거나 혹은 탑이 놓인 연꽃을 가진다고 정하고 있습니다. 어쨌든 미륵에는 꼭 탑이 따라다닌다는 것을 알 수 있습니다.

탑은 석가모니불의 사리를 봉안한 무덤으로서 석가모니

불의 유해요 분신이라 할 수 있는 가장 신성한 조형물입니다. 미륵은 전생에 부처님의 제자였고 또 미래불로서의 사명 역시 부처님이 사바세계에서 못다 구제한 억센 중생들을 용화삼회에서 제도하는 것이므로 어디까지나 석가모니불의 후계자인 것입니다. 그래서 미륵이 탑을 가까이하는 이유는 미륵이 석가모니불의 의발(衣鉢)을 계승한 후계자라는 위상을 강조하는 동시에 부처님의 높은 덕을 추모하는 데 있을 것입니다.

우리나라에서 탑이 있는 보관이나 손에 탑을 든 미륵보살상은 아직 발견된 바가 없는 것을 보면 우리 조상들은 천개(天蓋)를 갓으로 수용했듯이 이 탑도 보관의 표지나 지물이 아닌 별도의 조형물로 받아들인 것이 아닐까 합니다. 저는 이것을 우리 민족의 풍습과 기질이 가져 온 또 하나의 창안으로 읽고 싶습니다. 불상의 광배 뒷면에는 흔히 약사여래나 지장보살 같은 불상을 새기는 것이 상례이지만, 만약 불상 대신 탑을 새겼다면 그것도 위와 같은 맥락에서 해석해야 할 것입니다.

몇 가지 드문 예가 있습니다. 안강 근계리 석불입상의 광배 뒷면에는 3층석탑이 음각되어 있고, 거기에다 더욱 흥미 있는 것은 초층탑신에 또 불좌상을 새겨 넣었다는 사실입니다. 또 앞에서 다룬 비암사 미륵보살반가상의 뒷면에도 기이한 탑이 조각되어 있다는 것은 이미 언급했습니다.

76
공주신흥리석불입상
비지정. 12~13세기 고려시대.
충남 공주시 웅진동 360.
국립공주박물관.

미륵의 나라

　국립공주박물관에 가보면 야외에 합장을 하고 바로 앞의 삼층석탑에 경배를 올리고 있는 불상이 있습니다. 이 불상과 석탑은 인근 이인면 신흥리에서 옮겨다 놓은 것이지만 아마도 원래의 배치도 이와 크게 다르지 않았을 것입니다. 필자는 이것을 미륵과 소탑이 짝을 이룬 조건상황의 원형이라고 보고 싶습니다.

　또 하나 이와 똑같은 상황을 경북 군위의 하곡동 석불입상과 삼층석탑에서 볼 수 있습니다. 여기에서는 불상이 보호각 안에서 시무외·여원인을 짓고 있습니다.

　경기 안성에 있는 매산리석불입상은 일명 '태평미륵'이라고도 부릅니다. 이 불상은 시원스럽게 개방된 보호각 안에 봉안되어 있는데 바로 코앞에 조그만 오층석탑(향토유적 제10호)이 서 있습니다. 불상은 화려한 발계관(髮髻冠)

위에 네모갓을 썼고 법의는 편단우견으로 입었으며 손목에
쌍팔찌를 꼈습니다. 수인은 오른손을 들어 외장한 채 엄지
와 가운뎃손가락을 맞댔고, 왼손은 배에 대고 내장한 채 엄
지와 집게손가락을 펴고 나머지는 구부렸습니다. 오층석탑
은 탑신이 많이 결실된 탑으로 그 자리가 원래의 자리인지
는 분명치 않지만, 청동으로 만든 사리항아리와 기년지석

77 매산리석불입상과 소탑
경기도유형문화재 제37호. 고려 말기. 상고 5.70m.
경기도 안성시 이죽면 매산리.

(紀年誌石)이 발견된 중요한 석탑입니다. 그 지석의 명문은 766년에 탑을 조성했다고 적고 있습니다.

전설에 따르면 태평미륵은 1232년(고종 19년) 몽고 침입 때 죽주성(竹州城)에서 승전고를 올린 송문주(宋文冑) 장군과, 처인성에서 살례탑을 사살한 김윤후(金允候) 장군의 업적을 기리고 명복을 빌기 위하여 조성하였다고 합니다.

강원도 영월에 있는 무릉리마애여래좌상은 풍광이 빼어난 주천강(酒泉江) 절벽 위에 얹혀 있는, 흡사 복주머니처럼 생긴 집채만한 바위에 새겨져 있습니다. 동쪽을 향한 마애불 앞에 동시대의 것으로 보이는 청석 4층석탑이 다소곳이 서 있습니다. 이 마애불은 얼핏 보면 입상 같지만 실은 좌상으로, 민머리에 육계가 솟았으며 통견의 법의를 걸치고 화판이 시원스럽게 큰 연화대좌 위에서 결가부좌를 하고 있습니다. 좌법은 드물게 보이는 항마좌인데 가부좌를 튼 다리와 무릎 사이의 폭이 그런 예가 없을 만큼 엄청나게 큽니다. 수인도 특이하여 오른손은 가슴에 대고 내장했지만 왼손은 마치 선서라도 하는 듯 어깨 위로 번쩍 들어 손바닥을 밖으로 보였습니다. 두 귀도 유별나게 크고, 바위 꼭대기에 자연석을 얹어 갓 구실을 하게 했습니다.

78
영월무릉리마애불과 4층석탑
강원도유형문화재 제74호.
고려시대. 상고 4.10m.
강원도 영월군 수주면 무릉리 미륵암.

이곳은 주천강이 법흥천과 만나 휘돌아 흐르는 곡류지점에 위치한 높은 언덕으로서 경치가 아름답습니다. 마애불 바로 옆에는 '신선을 맞이하는 정자'라는 뜻의 요선정(邀僊亭)이 있습니다.

충남 당진에 있는 안국사지석불입상은 모두 3구로서 삼존 석상이 나란히 서서 오층석탑을 마주보고 있는 경우입니다. 전원 입상의 삼존상 형식을 취하고 있는데 본존불이 엄청나게 큰 방형갓을 쓰고 있어 일명 '안국미륵' 또는 '갓쓴바위'라고도 합니다. 본존불은 오른손을 가슴

79 안국사지석불입상과 오층석탑
보물 제100호, 제101호. 고려시대. 본존불 상고 4.91m.
충남 당진군 정미면 수당리 안국사지(安國寺址).

에 올려 내장했고 왼손은 배에 대고 손바닥을 위로 한 채 엄
지와 가운뎃손가락을 맞대어 삼각형을 만들었습니다. 양 손
목에 팔찌를 꼈습니다. 이 삼존상에서 특이한 것은 수인이
손의 위치만 다를 뿐 삼존이 모두 동일하다는 점입니다.

미륵삼존상 앞의 오층석탑(보물 제101호)은 현재 초층 탑신과 지붕돌 네 개만 남아 있습니다. 초층 탑신에는 1면에 문짝, 3면에 불좌상이 새겨진 아름다운 석탑입니다. 삼존상 뒤에 '배바위(船岩)'라고 부르는 거대한 바위가 누워 있는데 두 군데에 비문이 음각되어 있습니다. 그 중 고물 쪽에는 세로로 5행 25자로 된 매향문(埋香文)이 새겨져 있어 눈길을 끕니다.

庚午二月日 (경오이월일)
余美北天口 (여미북천구)
浦東際埋香 (포동제매향)
一丘　化主寬先 (일구 화주관선)
　　結熊香徒 (결웅향도)

이를 새기면 "화주 관선(寬先)과 곰계를 맺은 향도가 경오년 2월 모일 여미(余美) 북쪽 포구 동쪽 끝에 향을 묻었다."라는 뜻이 됩니다. 경오년에 대해서는 970년설과 1310년설 등이 있으나 아직 통설은 없습니다.

안국사지는 무속적인 분위기가 짙게 느껴지는 곳으로 요즘도 미륵불 잎이나 굿당에서 굿을 하는 광경을 목격할 수 있습니다.

80 증심사보살입상과 7층석탑
광주광역시유형문화재 제14호. 고려시대. 상고 2.10m.
광주광역시 동구 운림동.

전남 광주 무등산 자락에 있는 증심사석조보살입상은 7
층석탑과 나란히 서 있습니다. 이 보살상과 7층석탑은 원래
부터 증심사에 있었던 것이 아니라, 옛 도청 자리에 있던 대
황사에서 옮겨왔다는 설과 담양군 남면 정곡리 서봉사지에
서 옮겨왔다는 설이 있지만, 어쨌든 이 불상과 탑은 한 짝으
로 존재해 왔을 것입니다.

석불은 단정한 얼굴에 원통형 보관을 쓰고 상·중·하대를 갖춘 원형대좌 위에 서 있습니다. 수인은 오른손은 아래로 내리고 왼손은 가슴에 올려 내장한 채 엄지와 집게손가락을 맞댔습니다.

7층석탑은 날씬한 몸매로 2층에서 7층까지의 탑신 각 면에는 범자(梵字)로 '옴마니반메훔'을 새긴 이색적인 석탑입니다. 옴마니반메훔이란 흔히 육자대명왕진언(六字大明王眞言)이라고 부르는 주문(呪文)의 일종입니다. 초층 지붕돌을 제외한 2층에서 7층까지의 지붕돌 아랫면에 지붕돌받침 대신에 연꽃무늬를 양각한 것이 매우 특이합니다. 탑의 조성 연대는 조선 중기로 추정됩니다.

전남 화순에 있는 '천불천탑'으로 소문난 천불산운주사에는 1942년까지만 해도 석불 213구와 석탑 30기가 있었다고 합니다만 지금은 석불 약 70구와 석탑 18기밖에 남아있지 않습니다. 이 중에서 가장 주목을 끌 뿐만 아니라 핵심적인 석불이 바로 운주사석조불감 안에 모셔진 불감쌍배불(佛龕雙背佛)입니다.

불감이란 부처님을 모신 작은 방 또는 집이란 뜻입니다. 쌍배불이란 두 부처가 서로 등을 맞대고 있음을 표현한 말입니다. 이 석불감은 팔각지붕에 용마루와 치미를 갖춘 우리나라 전통가옥을 본떴는데 그 안에 남북으로 서로 등을 맞대고 앉은 두 불상이 있습니다. 그리고 두 탑이 남북에서 이 불감석불을 호위하듯 지키고 서 있습니다. 북쪽 것은 일명 연화탑이라고 부르는, 도넛을 포개어 놓은 것 같은 매우

81 운주사석조불감(보물 제797호)과 원반형다층석탑(보물 제798호)
전남 화순군 도암면 대초리

이색적인 원반형 다층석탑이고, 남쪽 것은 운주사의 독특한
헌칠민틋한 7층석탑입니다.

　이러한 가옥형 불감쌍불 형식과 쌍탑 호위 형식은 다른
데서는 찾아볼 수 없는 매우 독특한 양식입니다. 두 불상은
모두 좌상이고 높이가 약 5m에 이르는데 민머리에 통견차
림을 하고 결가부좌했으며 주형광배를 가졌습니다. 남향한
불상은 오른손을 배에 대고 왼손은 항마촉지인을 지었고,
북향한 불상은 운주사 석불에서 보이는 공통된 독특한 수인
즉 옷 속에 두 손을 모아 깍지 낀 합장을 했습니다.

말이 나온 김에 하는 이야기입니다만 운주사의 가옥형 불감의 원형이 궁금하여 찾아보니 그 원형 내지 유사형이라 할 만한 것을 인도에서 찾을 수 있었습니다. 인도 동해안의 마하발리푸람(Mahabalipuram)에는 화강암을 파내 만든 '다섯 석조사원(Five Raths)'이라는 7세기 때의 드라비다풍의 아름다운 축소판 암석사원이 있습니다. 그 가운데 '드라우파디의 석조사원'이라 부르는 것이 바로 그것인데, 벵골 지방의 오두막을 본떠서 만든 가옥형 사원입니다. 힌두신을 모신다는 점만 다를 뿐 그 형태와 목적이 운주사의 불감을 매우 닮았습니다.

81-1 운주사 전경. 전각 앞으로 탑과 함께 보이는 건물이 불감.

운주사는 이색적인 불상과 헌칠하고 날씬한 석탑으로 말미암아 한국의 다른 절과는 판이하게 다른, 신비롭고도 환상적인 분위기가 감도는 절입니다. 운주사는 신라 말 도선국사가 창건했다고 전해집니다. 영암 출신의 도선국사가 우리나라의 지형을 떠가는 배(行舟)로 보고, 뱃구레에 해당하는 호남 땅이 영남보다 산이 적어 배가 한쪽으로 기울 것을 염려한 나머지 이를 비보(裨補)하기 위하여 천불천탑을 하룻날 하룻밤 사이에 조성해 놓았다는 전설은 답사자의 발길을 가볍게 하는 운주사의 또 다른 매력이기도 합니다.

경북 예천에 있는 동본동석조여래입상은 좌전방에 삼층석탑을 모시고 있습니다. 불상은 나발의 머리에 법의는 통견으로 입고 원형대좌 위에 떡 버티고 서 있습니다. 얼굴이 네모나고 체구가 당당하여 마치 고대의 무사를 연상시킵니다. 묘한 미소를 띠고 있고 양다리의 타원형 옷주름도 아름답습니다.

오른손은 허리춤에 들어서 엄지와 가운뎃손가락을 맞댔고 왼손은 가슴 높이에 들어 여원인을 지었는데 세 손가락을 구부렸습니다. 삼층석탑(보물 제426호)은 상층기단 각 면에 사천왕상이 새겨져 있으며, 각 층의 지붕돌받침이 5단으로 된, 체감비율이 아름다운 석탑입니다.

82
예천동본동석조여래입상과 삼층석탑
보물 제427호.
신라시대. 상고 3.71m.
경북 예천군 예천읍 동본리.

82-1
예천동본동석조여래입상

83 진잠성북리석조보살입상
대전광역시유형문화재 제5호. 고려시대. 상고 2.50m.
대전광역시 유성구 성북동 봉소사(鳳巢寺).

　　대전 유성에 있는 진잠성북리석조보살입상은
봉소사(鳳巢寺)라는 절에 있는데 이 석불도 석탑
과 짝을 이룬 석불의 경우입니다. 함께 있던 다층
(4층)석탑은 이산가족이 되어 현재 진잠초등학교
교정에 서 있습니다. 이 탑은 몽실몽실한 느낌을
주는 탑입니다.

83-1 진잠초등학교에 있는 다층석탑

보살상은 높은 보관을 썼고 얼굴이 야무진 편이며 천의는 편단우견으로 입었습니다. 노출된 오른팔의 팔뚝과 팔목에 팔찌가 보입니다. 수인은 오른손을 밑으로 내려 몸 옆에 붙였고 왼손은 가슴에 들어 내장했습니다. 이 보살입상이 원래 디디고 서 있었던 장방형 대좌석은 옆에 별도로 방치되어 있습니다. 대좌석 위에는 한쪽 발의 발가락이 남아있으며 정면의 안상(眼象)을 볼 수 있습니다.

이 보살상은 정범(正梵) 스님에 의하면, 약 90년 전 이곳에서 200m 쯤 떨어진 절터에 매몰되어 있었는데 꿈속에 계시를 받고 발굴·봉안한 것이라고 하며, 병치레가 잦아 잘 크지 않는 아이를 이 보살한테 팔면 잘 낫는다고 합니다.

땅에서 솟아나는 미륵

하반신 또는 무릎 이하가 땅 속에 묻혀 있는 석불을 두고 '하체매몰불'이라 부르는 경우가 있는데 사실은 '땅에서 솟아나는 부처(地中湧出佛)'라고 해야 맞지 않을까 합니다. 왜냐하면 자연적인 이유로 하체가 매몰되었다기보다 일부러 하체를 땅에 묻어 마치 부처가 땅에서 솟아나는 효과를 노린 것으로 보이기 때문입니다. 천상에서 하강하는 대신 땅 속에서 솟아나는 미륵, 그것은 어쩌면 인간의 손길이 미치지 않는 천상보다는 우리들에게 친숙한 땅으로부터 오시는 부처님, 보다 빨리 이 땅에 미륵정토가 구현되길 소망하였던 신앙의 한 모습이 아닐까요?

지중용출의 형태가 대부분 미륵의 경우에만 발견되는 이색적인 현상이라는 것도 이러한 심증을 더욱 굳게 합니다. 또 미륵석상의 출현에 얽힌 설화도 흔히 지중용출 현상과 관계가 있습니다. 미륵 발견 혹은 발굴의 설화는 대개 어느날 갑자기 땅 속에서 미륵이 솟아났다든가 아니면 꿈에 미륵이 현몽하여 땅 속이나 물 밑에 묻혀 있던 미륵을 파냈다든가 하는 따위입니다.

필자가 1994년 초 경북 상주에 있는 유식산 동해사(東海寺)를 찾았을 때, 법당에 안치해 둔 4~5개월 전에 절 마당에서 발굴해 냈다는 석조여래입상을 목격한 적이 있었습니다. 하반신이 상반신의 삼분의 일 밖에 안 되는 기형적인 돌부 처였는데 허리께까지가 흙 속에 묻혀 있었던 흔적이 역력 했습니다. 처음부터 땅 속에 묻을 작정이었기에 하반신의 조성에 그다지 신경 쓰지 않은 석불임이 분명했습니다.

이러한 지중용출불은 고려 중기에 번진 말법사상에 따라 말법시대를 구제할 당래불로서의 미륵의 하생을 바라는 민 중의 염원을 담은 하나의 신앙형태로 보입니다.

경기도 안성에 있는 대농리석불입상은 미륵당 안 큰 당나 무 아래에 서 있는 지중용출불입니다. 이 석불은 하반신이 땅 속에 묻혀 있습니다. 얼굴은 달덩이처럼 둥글고 원만하 며 머리에는 큰 벙거지형 갓을 썼습니다. 갓을 포함한 머리 부분이 몸체에 비하여 엄청나게 큽니다. 법의는 통견으로

입고 두 손으로 물병 을 들었는데 오른손 은 병목을 잡고 왼손 으로 물병의 밑을 받 치고 있습니다.

84 안성대농리석불입상
경기도문화재자료 제46호.
고려시대. 상고 2.50m.
경기도 안성시 대덕면 대농리

역시 경기도 안성에 있는 아양리석불입상도 나란히 서 있는 보살상과 여래상 2구로 둘 다 하체가 땅에 묻힌 지중용출불입니다. 왼쪽의 보살입상은 여성적인 얼굴에 높은 발계관을 썼으며 가슴에는 영락, 어깨와 팔목에는 꽃잎이 새겨져 있습니다. 오른손을 가슴에 들어 내장한 채 엄지를 치켜세웠고 왼손은 아래로 늘어뜨렸습니다. 오른쪽의 여래입상은 남성적인 얼굴에 깔때기 같은 모자를 쓰고 통견의 법의를 걸쳤습니다. 오른손을 가슴 한복판에 대고 내장했고 왼손은 배에 댄 채 역시 내장했습니다.

85 안성아양리석불입상 2구
향토유적 제10 및 제15호. 고려시대.
상고 보살상 3.37m, 여래상 2.60m. 경기도 안성시 아양동.

두 석불은 흡사 금슬 좋은 내외간 같습니다. 아닌 게 아니라 마을에서는 '부부미륵'으로 신봉해 오고 있다고 합니다. 깔때기형 모자와 발계관이 이색적인데 특히 발계관은 정면에 동심원 무늬를 새기고 측면에 화판을 새긴 것이 매우 화사합니다.

충남 아산에 있는 영인신현리미륵불은 벙거지형 갓을 쓴 여인상의 보살상인데 무릎 이하가 땅 속에 묻혀 있습니다. 두 팔목에 쌍팔찌를 하고 기다란 연주형(連珠形) 영락을 목에 걸었습니다. 오른손을 들어서 영락의 두 줄을 움켜잡았고 왼손은 바로 들어서 시무외인을 지었는데 엄지와 가운뎃손가락을 맞댔습니다.

이 보살상에서 두드러진 것은 사람의 마음을 사로잡는 티 없이 온화한 인상이 그 하나요, 다른 하나는 목에 길게 늘어뜨린 연주형 영락이 그것입니다. 이러한 영락의 예는 석상의 경우 경주남산배동삼존상, 감산사석조미륵보살입상 등에서 볼 수 있습니다.

86 영인신현리미륵불
충청남도문화재자료 제234호.
고려시대. 상고 2.25m.
충남 아산시 영인면 신현리.

87 덕산신평리미륵불
비지정. 고려시대.
상고 2.70m.
충남 예산군 덕산면 신평리.

충남 예산에 있는 덕산신평리미륵불 입상은 백호와 삼도
를 갖추고 방형갓을 쓴 채 번잡한 국도변에 의연히 서 있습
니다. 수인은 두 손을 각각 가슴(왼손)과 배(오른손)에 대고
내장했습니다. 이 남성 미륵에 걸맞은 여성 미륵이 얼마 떨
어지지 않은 읍내리에 있습니다. 읍내리 미륵불도 입상인데
하체가 땅 속에 묻혀 있습니다.

전북 김제에 있는 흥복사미륵불입상도 하체가 땅속에 묻힌 지중용출불입니다. 머리에 이색적인 2단으로 된 탑 모양의 갓을 썼으며, 통견의 법의를 입고 두 손을 배 앞에서 맞대고 내장했습니다. 얼굴 모양이 위는 좁고 아래가 넓은데 코와 입도 따라서 그런 모양이 되었습니다.

88 김제흥복사미륵불
비지정. 고려시대. 상고 2.30m. 전북 김제시 흥사동 흥복사(興福寺).

89 영주옥대리석불입상
비지정. 고려시대. 상고 1.21m.
경북 영주시 단산면 옥대리 옥대초등학교.

경북 영주에 있는 옥대리석불입상은 옥대초등학교 안에 있는데 아마 현재의 위치가 본래의 위치는 아닌 듯합니다. 이 미륵불의 하반신 역시 완전히 땅 속에 묻혀 있습니다. 머리 부분의 모양으로 보아 원래는 보관이나 갓을 썼을 가능성이 많아 보입니다. 얼굴의 마모가 심하지만 백호 자국은 뚜렷하며 오른쪽 팔뚝과 손목에 팔찌가 보입니다. 수인은 오른손을 가슴에 들어 내장했는데 끝의 세 손가락을 구부렸습니다.

미륵의 나라

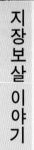

지장보살 이야기

뜬금없이 무슨 지장보살 이야기
냐고 하시겠지만 사실은 선운사의 도솔암의
이야기를 하고 싶어서입니다. 한데 그 이야기
를 하자면 지장보살을 빼놓고서는 아무 이야
기도 할 수가 없습니다. 그렇다면 미륵보살과
지장보살은 과연 어떠한 관계에 있을까요.

무불시대의 구세주

선운사마애불을 이야기할 때 언급한 바 있습니다만 하도솔암에서 가파른 365계단을 올라가면 '도솔천내원궁'이란 편액이 걸린 상도솔암이 나옵니다.

도솔천에 계시는 미륵보살은 어떤 인상이며 또 어떤 자세를 하고 계실까? 궁금증이 앞섭니다. 절간의 용화전이나 미륵전 혹은 미륵암의 미륵상과 노천의 미륵상은 수없이 보아왔지만 이름만이라도 도솔암은 처음이니 설레는 가슴을 안고 법당에 들어섰습니다.

그런데 이게 웬일입니까? 조그만 법당 안에 좌정한 불상은 미륵보살이 아니라 저 같은 문외한도 한눈에 쉽게 알아볼 수 있는 지장보살이 아닙니까? 이마에 두른 두건이 양어깨까지 덮고 있는 비구형(僧形)의 단아한 지장보살상입니다. 이 도솔암에 있는 선운사지장보살좌상은 석조가 아닌 금동이며, 길상좌(吉祥坐)를 하고 앉아 왼손으로 법륜을 세워 들고 오른손은 들어서 엄지와 가운뎃손가락을 맞대고 있습니다. 눈·코·입 등이 야무지게 생겼고 가슴 한복판에 화려한 세 가닥의 영락을 걸친 아름다운 지장보살상입니다.

그러면 도솔천 내원궁이라면 응당 미륵보살을 모셔야 할 터인데 왜 지장보살을 모셨을까요? 지장보살과 미륵보살은 무슨 밀접한 관계가 있기에 서로 자리바꿈을 해도 괜찮을까요? 이러한 궁금증을 풀어보기로 했습니다.

지장보살에 관한 모든 것은 이른바 지장삼부경에 실려 있습니다. 지장삼부경이란 대승대집지장십륜경(大乘大集地藏十輪經) · 지장보살본원경(地藏菩薩本願經) · 점찰선악업보경(占察善惡業報經)을 말합니다.

본원경에 의하면 지장보살은 일찍이 석가모니불로부터, 부처님이 열반에 든 때부터 미륵불이 사바세계에 출현할 때까지 육도(六道)에 분신을 나타내어 부처님이 미처 제도하지 못한 악업중생을 교화하고 제도할 것을 부촉 받고 그렇게 하겠노라고 세 번이나 굳게 다짐을 한 보살입니다. 지장보살은 구원의 과거세에 본원을 세울 때, 〈저는 미래세가 다하도록 죄업으로 고통 받는 육도중생을 널리 방편을 베풀어서 모두 해탈시킨 연후에야 비로소 제 자신이 불도를 이루겠습니다.〉라고 했습니다. 다시 말하면 〈지옥이 텅 비기 전에는 결코 성불하지 않겠다.(地獄未空 誓不成佛)〉는 본원을 세운 대원보살(大願菩薩)입니다. 그러므로 지장보살은 석가모니불과 미륵불 사이의 부처님이 계시지 않는 무불시대를 책임진 이른바 '구세진사(救世眞士)' 인 것입니다. 이것은 보살의 목표 중 상구보리(上求菩提)는 일단 제쳐두고 하화중생(下化衆生)을 먼저 추구하겠다는 비원(悲願)입니다.

90 선운사지장보살좌상
보물 제280호.
전북 고창군 아산면 삼인리 선운사 상도솔암.

석가모니불은 특히 인간과 하늘사람(天)의 무리를 지장보살에게 부촉하면서 이렇게 당부합니다.

"만약 미래세에 인간이나 하늘사람이 지은 업에 따라 악도에 떨어지거든 그가 떨어진 곳에 나아가거나 혹은 지옥문에 이르러서 신력과 방편으로써 구출하여 고통에서 벗어나게 하되 그가 있는 곳에 무변신(無邊身)을 나타내어 지옥을 부수고 그가 하늘에 태어나서 멋진 낙을 누리게 하라."

지장보살은 중생을 구제할 때 항상 스님의 모습만 하는 것이 아니라 중생의 근기에 따라 위로는 부처·보살·천신·팔부중, 아래로는 남녀 인간·짐승·지옥졸 같은 온갖 모습으로 변신하여 나타납니다. 지장보살은 중생의 고뇌를 알기 위하여 매일 아침 선정에 듭니다. 그것도 조용한 심산유곡이 아닌 악과 더러움이 우글거리는 오탁악세의 현세에서 결가부좌하여 맑은 정신과 밝은 지혜로써 중생을 살피는 것입니다.

지장보살본원경에 의하면 누든지 지장보살을 믿고 의지하면 큰 이익이 생긴다고 했습니다. 부처님은 허공장보살에게 이렇게 말합니다.

"만약 미래세에 아무 선남자나 선여인이 지장보살의 형상을 보거나, 이 경을 듣거나, 혹은 독송하며, 향·꽃·음식·의복·보배 등으로 보시·공양하고, 찬탄하고 우러러 예배하면 28가지의 이익을 얻으리라."

부처님이 예로 든 스물여덟 가지 이익 가운데 몇 가지만 살펴볼까요.

- 보리심에서 물러나지 않게 된다.

- 의식이 풍족하다.

- 질병에 걸리지 않는다.

- 수재와 화재를 입지 않는다.

- 상호가 단정하다.

- 천상에 자주 태어난다.

- 전생의 일을 아는 숙명통(宿命通)을 얻는다.

- 구하는 바가 뜻대로 이루어진다.

- 밤에 좋은 꿈을 꾼다.

- 돌아가신 부모와 권속이 고통에서 벗어난다.

- 자비심이 많다.

- 결국에는 성불한다.

좋은 것이 너무 많아 열두 가지나 예를 들고 말았습니다. 현세의 이익이 이보다 더 클 수는 없을 것입니다. 그렇지만 이러한 현세이익도 결국은 지장보살의 신력과 공덕에 의지하여 얻는 타력신앙의 결과에 불과합니다.

우리가 진실로 생로병사에서 벗어나고자 원한다면 스스로 노력, 정진하지 않고서야 어찌 저 이익이 돌아오겠습니까? 그것은 바로 참회하는 일입니다.

지장보살의 지심참회(至心懺悔)

참회란 좁게는 불교의 계율을 어긴 죄, 넓게는 몸과 입과 마음으로 지은 모든 죄를 깨닫고 뉘우치며 부처님과 보살 앞에서 고백하고 용서를 비는 것입니다. 점찰선악업보경은 나무바퀴를 던지는 목륜상법(木輪相法)을 사용해서 전생에 지은 선악의 업보와 현재의 고락길흉을 점치는 일과, 선정과 지혜를 닦기 위한 참회법의 내용을 담고 있는 경전입니다. 이 경전은 참회의 목적을 이렇게 말하고 있습니다.

"만약 미래세의 중생들이 생로병사에서 해탈할 목적으로 처음으로 발심하여 선정과 무상지혜를 닦아 익히는 법을 배우려면 먼저 숙세에 지은 악업의 다소와 경중을 관해야 한다. 악업이 많고 두터우면 선정과 지혜를 배울 것이 아니라 먼저 참회의 법을 닦아야 한다."

이 경에 의하면 참회법을 닦기를 원하는 이는 조용한 곳에서 주야육시(晝夜六時)에 한마음으로 과거칠불과 53불을 예경하고, 그 다음 지장보살마하살에게 예경을 올린 다음 지은 죄를 고백하고 한마음으로 이렇게 빌어야 합니다.

"저는 지금 참회하며 다시는 반복해서 죄를 짓지 않겠습니다. 원컨대 저와 일체중생이 무량한 겁 이래로 지은 온갖 죄악을 속히 소멸하여 주소서."

이것을 '육시예참(六時禮懺)'이라 하는데 언제나 늘 주야 6시로 예불하고 참회한다는 뜻입니다.

온갖 죄란 십악·사중죄·오역죄의 전도죄(顚倒罪)와 삼보를 비방한 죄와 일천제(一闡提) 등의 죄업이라고 적고 있습니다.

이러한 죄를 참회하기 위해 불교 신자들이 늘 독송하는 것이 천수경에 있는 참회게입니다. 이 참회게는 화엄경 보현행원품에 실려 있는 게송의 일부분을 옮긴 것으로 다음과 같은 내용입니다.

아득히 먼 옛날부터 지은 모든 악업	我昔所造諸惡業
모두가 시작 없는 탐진치로 말미암아	皆由無始貪瞋癡
몸과 입과 마음으로 지은 것이기에	從身口意之所生
나는 지금 그 일체를 모두 참회합니다	一切我今皆懺悔

요즘 불교TV를 보니 과거에 지었고 현재 짓고 있고 미래에 지을 십악을 하나하나 참회하는 게송을 읊는 것을 보았습니다. 과거뿐만 아니라 현재와 미래의 악업까지를 참회하는 것이니 말하자면 삼세참회라 할 수 있습니다.

이 점찰선악업보경에서는 참회와 관련해서 일심(一心), 지심(至心)이란 말을 많이 쓰고 있습니다. 견정신(堅淨信) 보살마하살이 지장보살마하살에게 묻습니다.

"소위 지심(至心)에는 몇 가지 종류가 있으며 어떤 지심이라야 청정선상(淸淨善相)을 얻을 수 있습니까?"

이 질문에 대한 지장보살의 답변을 들어 보면 지심에는 세 가지가 있는데 첫째는 일심(一心)으로, 이른바 한마음으로 마음을 붙들어 매어 조금도 흐트러뜨리지 않음을 말하고, 둘째는 용맹심(勇猛心)으로, 이른바 애오라지 구하여 게으르지 않고 몸과 목숨을 돌보지 아니 함을 말하며, 세째는 심심(深心)으로, 이른바 법과 호응하고 구경에는 물러나지 않음을 말한다고 합니다. 또 중생이 참회법을 닦더라도 지심으로 하지 못하면 끝내 깨끗하고 선한 상을 얻지 못한다고 덧붙이고 있습니다.

그러고 보면 선운사의 도솔천 내원궁에 미륵보살 대신 지장보살을 모신 까닭을 알 듯합니다. 지장보살은 석가모니불이 열반한 뒤부터 미륵불이 출현할 때까지의 '무불시대의 구세주'로서 중생의 구제를 책임졌으므로, 지장보살을 믿고 그에게 지심으로 참회하는 것이 도솔천에 왕생하는 지름길이라는 생각이 깔려 있었던 것이 아니었을까요. 석가모니불과 미륵보살 사이의 가교 역할을 하는 구세진사인 이상 도솔천의 미륵보살과 자리를 맞바꾸어도 상관이 없을 것 같고, 오히려 그렇게 함으로써 참회와 십선을 위주로 하는 미륵신앙을 부각시키는 효과도 있어 보입니다.

삼장보살의 고장

선운사에는 모두 세 곳에 지장보살상을 모시고 있습니다. 도솔천 내원궁 말고도 대웅보전 동쪽에 있는 관음전(觀音殿)과 참당암(懺堂庵)이 그것입니다. 이것은 지장보살탱화가 천지인(天地人)의 삼재(三才)사상의 영향을 받아 발달·성행한 삼장보살탱화(三藏菩薩禎畵)가 회화가 아닌 조각으로 표현된 것으로, 즉 천장(天藏)·인장(人藏)·지장(地藏)의 삼장입니다. 인장은 나중에 지지(地持)보살로 이름이 바뀌었습니다. 그래서 도솔천 내원궁에 모신 지장보살이 삼장보살 중의 천장보살, 중간 지점에 있는 참당암에 모신 분이 지지보살 그리고 아래쪽 관음전에 모신 분이 지장보살에 해당하는 것입니다.

관음전에 모시고 있는 선운사금동보살좌상(보물 제179호)은 지장보살좌상으로 머리에 두툼한 두건을 쓰고 오른손은 들어서 외장한 채 엄지와 가운뎃손가락을 맞댈 듯한 동작을 취하고 있으며, 왼손은 배 앞에서 약간 들었는데 원래 지물(持物)이 있었던 것처럼 보입니다. 무엇보다 눈에 띄는 것은 도솔천 내원궁의 지장보살상이 걸치고 있는 특징적인 세 가닥의 영락입니다. 이 지장보살상은 국내 지장보살상 중에서도 가장 아름답다는 평을 받고 있습니다.

참당암에 모셔져 있는 약사여래불상은 명칭이 잘못된 석조지장보살좌상입니다. 높은 대좌 위에 앉아 머리에는 역시 두건을 쓰고 가슴 한복판에 역시 마찬가지로 세 가닥 영락을 걸쳤고, 오른손은 가슴 앞에서 여의주를 들었으며 왼손은 왼쪽 무릎을 덮고 있습니다. 지장보살 세 분이 모두 두건을 쓰고 세 줄 영락을 걸친 점이 공통점입니다.

이로써 선운사는 조선시대 특유의 삼장지장보살상을 갖춘 우리나라에서 제일가는 참회기도도량이 된 것입니다.

생각컨데, 선운사의 참회불교는 김제 출신의 진표율사(眞表律師; 718~?)의 영향을 크게 받은 것 같습니다. 그는 몸을 망치는 참회고행 끝에 지장보살과 미륵보살을 친견하고 두 보살로부터 각각 계본(戒本)과 간자(簡子)를 받은 뒤 금산사와 금강산의 발연사 그리고 속리산 법주사를 창건하고 해마다 점찰법회를 열어 중생들을 크게 교화했으며 그로써 이 땅에 참회불교의 기초를 다진 스님입니다.

선운사는 정말 독특한 운치를 간직한 아름다운 절입니다. '참회한다' 는 뜻을 가진 참당암의 이름도 좋고, 도솔천에 미륵보살 대신 지장보살을 모신 것도 색다르며, 삼장의 지장보살을 갖춘 것도 한국다운 독창성을 보여 주는 것이어서 좋습니다.

여기에 하나 더 덧붙인다면, 겨울에는 동백이 피고 늦여름에는 상사화가 피는 곳이 바로 선운사이어서 더욱 좋습니다.

글을 마무리하면서

　미륵사상 또는 미륵신앙은 한마디로 다채로운 것이 그 특징이라 할 수 있습니다. 우선 경전만 하더라도 본원 · 상생 · 하생의 세 계통이 있는가 하면 경전의 수도 많아서 '미륵삼부경'이니 '미륵육부경'이니 하는 분류의 명칭까지 있습니다. 우리들이 왕생을 원하는 정토도 하나는 천상에 있고 하나는 지상에 있지만 모두 초월적인 세상이 아니라 욕계에 속해 있으므로 우리 인간이 쉽게 접근할 수 있는 곳입니다.

　미륵신앙의 형태도 크게 보면 상생신앙과 하생신앙으로 나뉘지만 자세히 들여다보면 정통적인 상생신앙과 관법으로 상생을 체험하는 삼매 상생신앙이 있고, 정통적인 하생신앙 외에 당장 미륵의 하생을 바라는 '즉석' 하생신앙도 있습니다.

　한국미륵의 도상도 다채로워 처음부터 아예 미륵의 고유한 자세로 굳어버린 반가사유상이 있는가 하면, 세계 아무데도 그 유례가 없는 한국적인 갓쓴 미륵 석불이 있습니다. 이렇듯 다양하고 홍미 있는 것이 미륵의 세계입니다. 이제 중요한 몇 가지를 다시 정리해 보겠습니다.

　미륵은 유대교나 기독교에서 말하는 종말론적인 구세주

가 아닙니다. 미륵은 용화세계라는 인간정토의 점진적인 건설을 창도하는 미래불일 따름입니다. 말세에 허물어진 사회와 국가를 구제하여 새판을 짜기 위하여 출현하는 것이 아니라, 갈망해 오던 깨끗하고 살기 좋은 불국토가 건설되었을 때 나타나는 분이 미래불입니다. 어찌 보면 미륵은 석가모니불과 지장보살을 비롯한 모든 불보살들이 어렵게 닦아 놓은 불국토를 힘들이지 않고 차지하는 미래불로 비칠 수도 있을 것입니다. 그래서 "재주는 곰이 넘고 돈은 누가 번다."는 속담을 떠올리게 될지도 모릅니다. 그러나 그런 생각은 잘못된 생각입니다. 왜냐하면 미륵은 본래 무수한 겁 이전부터 그렇게 본원을 세우고 그 목표를 달성하기 위하여 무진 노력해 왔으니까요.

미륵신앙에는 두 가지 정토가 있습니다. 이것은 여느 정토불교와는 다른 독특한 것입니다. 미륵보살이 일생보처보살로 대기하고 있는 욕계의 도솔정토가 있는가 하면, 56억7천만 년이라는 머나먼 미래에 이룩될 사바세계의 용화세계가 있습니다.

하나는 저절로 존재하는 자연의 도솔천이요, 다른 하나는 우리 인간이 대대손손 우리 손으로 건설해야 할 지상 낙원입니다. 지상 낙원이라고 해서 신선들이나 사는 숨겨진 비경처가 아니고, 남이 우리를 위해 마련해 놓고 기다리는 도원경도 아닙니다. 우리가 직접 가꾸어 놓아야 할 인간정토입니다.

미륵신앙의 본질은 십선과 참회와 예불을 주축으로 하는

행하기 쉬운 이행도에 초점이 맞춰져 있습니다. 도솔천에 있는 미륵정토는 엄격히 말하면 임시 정토입니다. 미륵이 지향하는 궁극적인 목표는 십선이 은근히 실천되는 환경이 아름답고 살기 좋은 불국토의 건설입니다. 그래서 이 더러운 예토 속에서 번뇌를 끊으려 노력하기보다는 차라리 성불 수행이 훨씬 용이한 불국토의 건설에 참여하라는 것입니다. 그렇기에 미륵이 과거세에 보살도를 닦을 때 육시예참(六時禮懺)을 행했으며, 미륵불의 제자들 또한 천년 동안 지킬 삼업(三業)의 금계(禁戒)로 참회와 십선의 중요성을 강조하였던 것입니다.

불교학자 이기영(李箕永)님은 일찍이 이런 말을 한 적이 있습니다.

"나는 불교의 보살철학 전부가 바로 미륵신앙의 철학이요 사상이라고 생각한다. 거기에는 사제·팔정도로부터 시작해서 십선의 윤리관이 있고 12연기설이 바탕이 되고, 반야·유식·법화·열반·여래장·화엄·선(禪)의 모든 철학이 그 기초가 된다고 생각한다."

우리나라 미륵의 도상적 특징은 보관에 화불이 있고, 연꽃을 들며, 반가사유의 자세를 취하고, 갓을 쓰는 것입니다. 갓을 안 쓴 미륵도 있지만 갓을 쓴 석불은 모두 미륵입니다. 이 갓쓴 미륵은 다른 나라에서는 그 유례를 찾아볼 수 없는 가장 한국적인 특징입니다. 반가사유의 자세도 우리나라에서는 미륵의 고유한 자세로 굳어져 버렸습니다. 그 밖에도 미륵은 여느 불상처럼 입상과 좌상도 취합니다. 그러나 몇 가지 예가 있기는 하지만 중국에서처럼 미륵의 교각상이나 의상은 많지 않으며, 용화는 우리나라에서는 아주 드문 듯합니다.

　미륵의 손에 들려졌던 탑이나 보관에 새겨져 있던 탑은 우리나라에서는 미륵과 소탑이 짝을 이루는 모습으로 나타납니다. 땅 속에서 솟아나는 것 같은 효과를 주는 소위 지중용출불도 상당수 발견됩니다. 이런 것들은 도상과는 상관이 없는 일종의 조건상황이라 해야 맞을 것입니다. 이들 조건상황은 한국적 정서와 기질이 가져 온 창작이라고 여겨지는데 특히 이러한 상황들은 해당 불상이 미륵임을 알리는 지표 구실을 톡톡히 하고 있습니다.

　수인은 원래 힌두교의 신들이 쓰던 수인을 수용한 것입니다. 손의 위치 · 손바닥의 안팎 · 손가락의 구부림과 맞댐이 엮어 내는 변화는 참으로 다양합니다. 석가모니불의 근본수인이 기본이 되는데 미륵은 이 근본수인을 모두 지을 수 있는 자격이 있는 부처님입니다. 특히 전법륜인은 석가모니불을 제외한 불보살 중에서는 미륵만이 지을 수 있는 특권적인 수인입니다. 그러나 미륵이 짓고 있는 수인은 실제로 석가모니불의 근본수인보다 색다른 특이수인이 더 많습니다. 특이수인이 정확히 무엇을 의미하는지는 아직도 더 연구를 필요로 하는 풀리지 않은 수수께끼로 남아 있습니다.

미륵을 찾아가는 길

일러두기

1. 이 색인은 1993년 문화재관리국 발행 〈지정문화재목록(指定文化財目錄)〉에 의거하였으나 최신 자료를 반영하였다.

2. 비지정문화재의 명칭도 위의 목록에 준하여 명명하였다.

3. 이 색인은 문화재를 도별 · 명칭 · 종류(지정번호 포함) · 소재지 · 찾아가는 법 · 쪽수 순으로 정리하였다.

4. 여기에 사용된 약어는 아래와 같다.

      국보…국보

      보물…보물

      지유…시 · 도 지정유형문화재

      지문…시 · 도 지정문화재자료

      지민…시 · 도 지정민속자료

      비지정…비지정문화재

      지향…시 · 도 지정향토유적

서울 · 경기도

∎∎ 감산사석조미륵보살입상/ 국보 제81호

　서울시 용산구 용산동 6가 168-6번지. 국립중앙박물관.(129쪽)

∎∎ 파주용미리석불입상2구/ 보물 제93호

　경기도 파주시 광탄면 용미리 용암사

　벽제 → 의정부 간 39번 국도 고양동삼거리에서 좌회전 진입, 갈림길에서 광탄쪽으로 6km 지점. 왼쪽에 용미리공원묘지를 보며 직진하면 우측에 용암사가 나온다.(136쪽)

∎∎ 태평흥국명마애보살좌상/ 보물 제982호

　경기도 이천시 마장면 장암리

　영동고속도로 덕평 IC에서 빠져나와 42번 국도로 이천 쪽으로 가다가 표교초등학교에서 좌회전하여 수남리 쪽으로 2km 가면 오른쪽 길가에 '미륵바위'가 있다. (134쪽)

∎∎ 개화산약사사석불/ 지유 제40호

　서울시 강서구 개화동 약사사

　김포공항 앞 개화동삼거리에서 방화동으로 가다가 개화주유소에서 좌회전하여 방원중학교를 거쳐 약사사까지 1.3km. (216쪽)

∎∎ 관악산봉천동마애미륵불/ 지유 제49호

　서울시 관악구 봉천동 관악산

　낙성대를 지나 서울대 호암생활관에서 좌로 들어가면 대학촌, 거기서 1.9km(약 40분) 산행하면 상봉휴게소가 나온다. 휴게소에서 오른쪽으로 바싹 바위를 따라 돌계단을 약 30m 내려간 곳에 있다. (139쪽)

여주포초골미륵좌불/ 지유 제35호

경기도 여주군 금사면 외평리 대성사

이천에서 70번 지방도를 타고 이포 쪽으로 가다가 궁리·유성산업앞 버스승강장에서 궁말로 진입, 진입하자마자 우회전하여 직진, 대성사까지는 2.4km. (181쪽)

안성기솔리석불입상 / 지유 제36호

경기도 안성시 삼죽면 기솔리 쌍미륵사

안성 → 일죽 간 38번 국도 안성문화회관을 지나서 상삼버스승강장에서 좌로 진입, 안성3교를 지나서 간다. 국도에서 쌍미륵사까지는 4.8km. (184쪽)

안성매산리석불입상/ 지유 제37호

경기도 안성시 이죽면 매산리 절터

중부고속도로 일죽IC에서 안성 방향 38번 국도로 진입, 17번 국도와 만나는 삼거리에서 백암·양지 방면 300m 지점 왼쪽에 기다란 솔밭이 있고 그 너머로 높은 미륵당이 보인다. (289쪽)

이천어석리석불입상/ 지유 제107호

경기도 이천시 장호원읍 어석리

장호원 진암사거리에서 38번 국도를 타고 일죽 방면으로 가다가 송산휴게소 못 미쳐 송산1리 버스승강장에서 좌로 진입한다. 마을 안 미륵당까지는 2.5km. (55쪽)

용인미평리약사여래입상/ 지문 제44호

경기도 용인시 처인구 원삼면 미평리

양지 → 일죽 간 17번 국도 원삼휴게소 못 미쳐 미평1리 버스승강장이 있다. 여기에서 마을 안 미륵당까지 600m. (183쪽)

▪▪ 안성대농리석불입상 / 지문 제46호

경기도 안성시 대덕면 대농리

안성시내에서 고삼 방면 70번 지방도를 따라 6km가면 명덕
초등학교가 우측에 보인다. 학교를 지나서 석불표지판에 따라
우회전 진입하여 2.5km가면 대농리 마을회관이 나온다. 마을
회관에서 농로를 따라 200m가량 가면 미륵당. (303쪽)

▪▪ 이천관고동석불입상 / 지향 제6호

경기도 이천시 관고동 대흥사

이천에서 3번 국도로 서울 방면으로 가다 보면 금세 이천대
교가 나온다. 다리에서 200m 좌전방 길가에 대흥사와 석불이
있다. (113쪽)

▪▪ 포천구읍리석조보살입상 / 지향 제6호

경기도 포천군 군내면 구읍리 용화사

포천의 구한내사거리에서 87번 국도를 가산 쪽으로 1.2km
내려가면 용정교 못 미쳐 왼쪽에 외딴 2층집이 용화사. (57쪽)

▪▪ 안성아양리석불입상2구 / 지향 제10 · 15호

경기도 안성시 아양동

38번 국도로 평택에서 안성 시내로 들어가다 한경대학교
네거리에서 우회전하여 600m, 다시 좌회전하여 100m, 다시
좌회전하여 100m, 석불은 내혜홀초등학교 못미쳐 좌측에 있
는데 그곳은 주공아파트 뒷편에 해당한다. (304쪽)

강원도

∎∎ 원주봉산동석조보살입상/ 지유 제67호

강원도 원주시 봉산1동 미륵암

원주경찰서에서 경찰서 바로 왼쪽으로 난 길을 따라 철도 건널목을 건너서 천왕사 표지판이 있는 골목으로 들어간다. 건널목에서 약 300m. (228쪽)

∎∎ 영월무릉리마애여래좌상/ 지유 제74호

강원도 영월군 수주면 무릉리 미륵암

주천 → 평창 간 82번 지방도에서 161번 군도로 좌회전하여 약 3.7km를 가면 왼편에 요선정과 미륵암이 보인다. (291쪽)

충청북도

∎∎ 과산미륵리석불입상/ 보물 제96호

충북 충주시 수안보면 미륵리 사지

수안보에서 3번 국도로 문경 쪽으로 가다가 597번 지방도로 좌회전 진입, 거기서 8.7km. 36번 국도에서 송계계곡으로 진입할 수도 있다. (275쪽)

∎∎ 법주사마애여래의상/ 보물 제216호

충북 보은군 내속리면 사내리 법주사

보은에서 25번 국도로 상주를 향하면 읍내를 벗어나자마자 법주사로 들어가는 37번 국도를 만난다. (193쪽)

■■ 비암사보살반가상/ 보물 제368호

충북 청주시 상당구 명암동 87번지. 국립청주박물관.
박물관은 상당산성으로 가는 512번 지방도 상에 있다. (206쪽)

■■ 연화사무인명석조반가사유상/ 보물 제649호

충북 청주시 상당구 명암동 87번지. 국립청주박물관. (127쪽)

■■ 중원원평리미륵석불/ 지유 제18호

충북 충주시 신니면 원평리
장호원 → 주덕 간 3번 국도를 주덕 쪽으로 가다 보면 왼편
에 신덕저수지가 있다. 저수지를 지나서 원평리버스승강장에
서 오른쪽으로 진입하면 마을 안에 미륵당이 보인다. (185쪽)

■■ 중원봉황리마애불상군/ 지유 제131호

충북 충주시 가금면 봉황리 햇골산
장호원에서 38번 국도를 타고 제천 쪽으로 가다가 봉황대
교 못미쳐 봉황휴양림입구·봉황내버스승강장이 나온다. 우
측 길로 진입하여 봉황리를 지나서 내동대교를 건너자마자 주
차하고, 강둑을 따라 햇골산을 향해 거의 끝까지 가면 왼쪽 정
면에 개울 건너 절벽의 철난간이 보인다. 국도에서 내동대교
까지 2km. (164쪽)

■■ 증평미암리미륵불입상/ 비지정

충북 증평군 증평읍 미암1리
증평읍에서 36번 국도를 타고 음성 쪽으로 가다가 읍내를
벗어날 즈음 미암교를 건너 좌로 진입하여 형석고등학교를 지
나 마을 안으로 1.8km 들어가면 미륵당이 나온다. (217쪽)

▪▪ 영동신안리석불입상/ 비지정

충북 영동군 추풍령면 신안리

추풍령에서 모동 가는 군도를 따라가면 반고개가 나오고 오른쪽으로 웅북리로 가는 길이 나온다. 들어가지 말고 약 50m 직진하면 도로변 왼쪽에 보호각과 계단이 보인다. 추풍령에서 5km. (204쪽)

대전 · 충청남도

▪▪ 서산마애삼존불상/ 국보 제84호

충남 서산시 운산면 용현리

서해안고속도로 서산 IC → 운산. 운산에서 약 5.7km. 표지판의 지시에 따라 647번 지방도, 다음 618번 지방도를 따라가다가 고풍저수지를 지나서 보원사지 쪽으로 우회전하여 진입한다. 거기서 700m 지점에 마애불로 오르는 개울의 다리가 보인다. (16쪽)

▪▪ 안국사지석불입상3구/ 보물 제100호

충남 당진군 정미면 수당리 안국사지(安國寺址)

서해안고속도로 서산 IC → 운산. 운산에서 당진 방향 32번 국도로 조금 가다 좌측 수당리로 들어가 수당리사무소에서 왼쪽으로 꺾어 들어간다. 32번 국도에서 총 4.5km. (292쪽)

▪▪ 부여정림사지석불좌상/ 보물 제108호

충남 부여군 부여읍 동남리 정림사지

부여읍내 부여우체국과 부여중학교 앞이 정림사지이다. (186쪽)

▪▪ 대조사석조미륵보살입상/ 보물 제217호

충남 부여군 임천면 구교리 대조사

임천면소재지에서 1.3km. 미륵보살상은 원통보전 뒤편 언덕 위에 있다. (219쪽)

▪▪ 관촉사석조미륵보살입상/ 보물 제218호

충남 논산시 관촉동 관촉사

논산역에서 643번 지방도로 관촉사까지 2.3km. (267쪽)

▪▪ 개태사지석불입상/ 보물 제219호

충남 논산시 연산면 천호리 개태사지

1번 국도 연산사거리에서 대전 쪽으로 4km 지점. (229쪽)

▪▪ 홍성신경리마애석불/ 보물 제355호

충남 홍성군 홍북면 신경리 용봉산

홍성에서 덕산 방향 609번 지방도로 진입하면 용봉사 표지판이 나온다. 용봉사에서 등산로를 따라 약 300m 올라가면 평평한 잔디 광장이 나온다. 마애불은 광장 정면 높은 데 있다. (58쪽)

▪▪ 아산평촌리석조약사여래입상/ 보물 제536호

충남 아산시 송악면 평촌리 용담사

구온양사거리에서 39번 국도를 유구 방면으로 5km 내려가면 오른쪽에 용담사 안내판이 나온다. 국도에서 800m. (68쪽)

▪▪ 진잠성북리석조보살입상/ 지유 제5호

대전시 유성구 성북동 봉소사

호남고속도로 서대전 IC에서 나와서 4번 국도로 논산 쪽으로 가다가 고속도로 밑을 통과하여 곧 우측 성북산성 쪽으로 진입한다. 왼쪽으로 방동저수지를 보며 3.8km를 가면 성북3리인데 거기서 우측으로 400m 들어가면 봉소사다. (300쪽)

▪▪ 서산여미리석불입상/ 지유 제132호

충남 서산시 운산면 여미리

서해안고속도로 서산 IC → 운산. 운산에서 당진 방향 32번 국도로 조금 가다 좌측 수당리 가는 길로 진입하여 직진하다가 여미리 마을회관과 정미소에서 좌측으로 들어간다. 32번 국도에서 1.5km. (62쪽)

▪▪ 연산송불암미륵불/ 지문 제83호

충남 논산시 연산면 연산리 송불암

연산 → 대전 간 1번 국도가 697번 지방도와 만나는 연산사거리에서 1번 국도의 구도(옛국도)를 대전 쪽으로 500m 가면 송불암. (56쪽)

▪▪ 홍성대교리석불입상/ 지문 제160호

충남 홍성군 홍성읍 대교리 4구

홍성읍내 21번 국도로 의사1교를 홍성역 쪽으로 건너자마자 오른쪽 주택가 안쪽 100m 지점에 어린이놀이터가 있다. 석불은 놀이터 한쪽 구석에 있다. (60쪽)

▪ 영인신현리미륵불/ 지문 제234호

충남 아산시 영인면 신현리

39번 국도로 아산만방조제에서 아산 방면으로 가다 628번
지방도로 우회전하여 3km 들어가면 영인저수지 안쪽이 신현
리. 미륵은 마을 뒤에 있다. (305쪽)

▪ 덕산상가리석조보살입상/ 지문 제182호

충남 예산군 덕산면 상가리

덕산에서 옥계저수지를 지나 남연군묘 못 미쳐 오른쪽으로
난 돌다리를 건넌다. 마을 가장자리를 왼쪽으로 돌아 들어가
면 10분 거리에 미륵의 등이 보인다. (218쪽)

▪ 덕산신평리미륵불/ 비지정

충남 예산군 덕산면 신평리

덕산오거리에서 45번 국도를 서산 쪽으로 700m 가면 오른
쪽 도로변에 미륵의 등이 보인다. (306쪽)

▪ 아산송암사석조보살입상/ 비지정

충남 아산시 송암면 외암1리 송암사

아산에서 유구 방면 39번 국도 구온양사거리를 지나면 왼
쪽에 외암민속마을이 나온다. 송암사는 이 민속마을 남쪽 외
곽을 따라 1.7km 정도의 거리에 있다. (56쪽)

▪ 공주신현리석불입상/ 비지정

충남 공주시 웅진동 360. 국립공주박물관.
(288쪽)

전라북도

▐▌ 남원용담사지석불입상/ 보물 제42호

전북 남원시 주천면 용담리 용담사지

88올림픽고속도로 남원 IC → 남원 간 17번 국도로 가다가 남원시청에서 좌회전하여 직진하면 남원대교. 다리를 건너 730번 지방도를 따라 주천 쪽으로 1.5km 가면 왼쪽 도로변에 용담사가 나온다. (283쪽)

▐▌ 선운사지장보살좌상(금동)/ 보물 제280호

전북 고창군 아산면 삼인리 선운사

선운사주차장에서 도솔암까지는 3.5km, 그 곳(하도솔암)에서 365계단을 올라간 상도솔암에 있다. (313쪽)

▐▌ 남원신계리마애여래좌상/ 보물 제423호

전북 남원시 대산면 신계리

남원 → 순창 간 24번 국도 황룡동에서 대산 방면으로 진입하여 갈림길에서 좌측 신촌마을 쪽으로 들어간다. 신촌마을 안을 관통해서 시멘트길이 끝나는 데에서 개울을 건너 송전철탑을 일차 목표로 삼아 가다가, 평지에 우로 난 등산로를 따라 15분 산행하면 광활한 지역의 오른쪽에 마애불이 새겨진 바위가 보인다. (233쪽)

■■ 선운사동불암지마애여래좌상/ 보물 제1200호

전북 고창군 아산면 삼인리 서운사 동불암지

선운사 주차장에서 도솔암까지는 3.5km. 그 곳(하도솔암)에서 서쪽으로 나한전을 돌아가면 왼쪽에 노송 숲이 있고, 오른쪽에 깎아지른 듯한 절벽이 있는데 거기에 마애불이 새겨져 있다. (282쪽)

■■ 정읍망제동석불입상/ 지유 제118호

전북 정읍시 망제동 대암마을

정읍시에서 705번 지방도를 따라 호남고속도로를 고가로 횡단하여 백산 · 부안 쪽으로 가다 보면 정읍1공단 못 미쳐 정읍천 덕천교가 있다. 다리를 건너자마자 좌회전하여 진입한다. 도로에서 2km. (187쪽)

■■ 김제흥복사미륵불/ 비지정

전북 김제시 흥사동 흥복사

김제에서 23번 국도로 익산 쪽으로 가다가 712번 지방도 갈림길을 지나면 서흥농공단지가 오른쪽에 나온다. 농공단지가 끝나는 곳에서 400m 더 가면 다리 건너 우측에 흥복사가 나온다. (307쪽)

■■ 부안용화사석불입상/ 비지정

전북 부안군 행안면 송정리 용화사

부안읍에서 30번 국도로 변산 쪽으로 1.5km 지점의 부안군 농업기술센터를 지나 기상관측소 못 미쳐 우측으로 진입하여 500m 들어가면 용화사. (59쪽)

■■ 남원여원치마애불좌상/ 비지정

전북 남원시 이백면 양가리 여원치(女院峙)

운봉에서 24번 국도로 남원 쪽으로 3km 가면 여원치인데 고개에서 300m 더 내려가면 도로 왼쪽에 큰 나무 한 그루가 있다. 그 나무 아래쪽 벼랑에 마애불이 새겨져 있다. (195쪽)

광주 · 전라남도

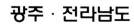

■■ 월출산마애여래좌상/ 국보 제144호

전남 영암군 영암읍 회문리

강진 월남리에서 금릉경포대(金陵鏡布臺)를 경유 구정봉(九井峰)으로 오르는 길이 최단 코스이며 마애불까지 약 2시간 반이 걸린다. 구정봉 폐막사 옆으로 난 능선길을 곧바로 가다가 조그만 삼층석탑이 보이는 곳에서 왼쪽으로 내려간다. 277쪽)

■■ 대흥사북미륵암마애여래좌상/ 국보 제308호

전남 해남군 삼산면 구림리 대흥사 북미륵암

대흥사 경내로 들어가지 말고 표충사(表忠祠)를 지나 두륜산(頭輪山) 등산로를 따라가면 일지암(一枝庵)과 북미륵암으로 가는 갈림길이 나온다. 여기에서 왼쪽으로 1.1km, 약 40분 산행을 하면 북미륵암에 다다른다. (208쪽)

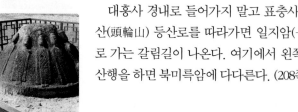

■■ 나주철천리칠불석상과 석불입상/ 보물 제461호 · 보물462호

전남 나주시 봉황면 철천리 미륵사

세지에서 55번 지방도를 타고 남평 쪽으로 4km 가면 오른쪽에 미륵사 입구가 보인다. 거기서 절까지는 700m. (67쪽)

■■ 운주사석조불감/ 보물 제797호

전남 화순군 도암면 대초리 운주사

남평 또는 능주에서 822번, 817번 지방도를 따라 도암사거리까지 간다. 거기서 다도 쪽으로 3km 가면 운주사가 나온다. (296쪽)

■■ 광주십신사지석불/ 지유 제2호

광주시 북구 용봉동 1004-4. 광주광역시립민속박물관. (220쪽)

■■ 운천사마애여래좌상/ 지유 제4호

광주시 서구 쌍촌동 운천사

22번 국도로 광주공항 쪽으로 가다가 운천저수지 앞 상무지구 입구에서 좌회전한다. 우측 금호베어스타운 쪽으로 접어들어 상무초등학교를 지나면 곧 운천사가 있다. 국도에서 700m. (235쪽)

■■ 장성원덕리미륵석불/ 지유 제13호

전남 장성군 북이면 원덕리 미륵암

호남고속도로 백양사 IC에서 1번 국도를 정읍 쪽으로 약 2.8km 가면 왼쪽 철길 너머로 퇴락한 암자와 함께 미륵당 안에 있는 미륵의 뒷모습이 보인다. (221쪽)

■■ 증심사보살입상/ 지유 제14호

광주광역시 동구 운림동

증심사입구역에서 무등산도립공원 방면으로 계속 직진하면 무등산중심사에 이른다. 전철역에서 약 5km. (294쪽)

■■ 담양오룡리석불입상/ 비지정

전남 담양군 무정면 오룡리

담양 → 곡성 간 13번 국도를 타고 무정 쪽으로 약 4km 가면 오른쪽에 오룡주유소가 나온다. 미륵은 주유소 맞은편에 있다. (207쪽)

■■ 나주심향사석불좌상/ 비지정

전남 나주시 대호동 심향사

나주 시내 1번 국도와 13번 국도가 만나는 도로 분기점 부근에 나주공고와 금성중고교가 있다. 그 정문으로 진입하여 300m 들어가면 심향사가 나온다. (65쪽)

■■ 나주불두사미륵불좌상/ 비지정

전남 나주시 청동 불두사

나주 시내 1번 국도에서 나주대교 쪽으로 가다 나주종합병원 옆으로 난 샛길로 들어가면 나주여상고교와 송정리 가는 갈림길이 나온다. 송정리 쪽으로 600m 가면 커브길 왼쪽에 바로 일주문이 있다. (167쪽)

대구 · 경상북도

■■ 단석산신선사마애불상군/ 국보 제199호

경북 경주시 건천읍 송선리 신선사

4번 국도 또는 경부고속도로 건천 IC에서 20번 국도로 산내 · 청도 방면으로 가다가 송선저수지를 지나서 좌측 송선2리로 진입한다. 길이 험하므로 차는 마을에 주차. 걸어서 약 30분. (124쪽)

▪ 경주남산미륵골석불좌상/ 보물 제136호

경북 경주시 배반동 미륵골 보리사

7번 국도에서 화랑교를 건너 남산으로 진입한다. 다리를 건너자마자 우로 난 임업시험장 뒷길로 600m 올라간 곳에 보리사가 있다. 승용차로 절 앞까지 갈 수는 있으나 경사가 급하므로 조심하여야 한다. (237쪽)

▪ 경주남산신선암마애보살반가상/ 보물 제199호

경북 경주시 남산동 신선암

7번 국도에서 화랑교를 건너 직진하거나 동방역을 지나 우회전하여 남산으로 들어가면 칠불암이 나온다. 칠불암 바로 위 하늘로 솟은 듯한 바위산에 있다. 칠불암에서 우측 등산로를 따라 기암괴석 사이를 약 10분 올라가면 발 아래 칠불암이 보인다. 돌출한 바위 모서리를 조심해서 우측으로 돌면 바로 나타난다. (203쪽)

▪ 예천동본동석조여래입상/ 보물 제427호

경북 예천군 예천읍 동본리

28번 국도 동본사거리에서 동본교를 건너 우측으로 강둑을 따라 100m쯤 가면 둑 밑 주택가 공터에 석불과 탑이 보인다. 예천종합운동장 맞은편에 있다. (299쪽)

▪ 관봉석조여래좌상/ 보물 제431호

경북 경산시 와촌면 대한리

팔공산도립공원 안에 들어서면 안내판이 잘 되어 있어 지시대로 따라가면 된다. 갓바위주차장에서 갓바위까지 2.5km, 약 1시간 정도 산행을 해야 한다. 와촌 쪽 선본사(禪本寺)에서 오르면 30분이면 충분하다. (188쪽)

■■ 성주노석동마애불상군/ 보물 제655호

경북 칠곡군 기산면 노석리 도고산(道高山)

기산 → 성주 방면 33번 국도를 가다가 선남 방면 군도로 3km 내려가면 노석리정미소가 나온다. 마을로 들어가다가 갈림길에서 왼쪽 노실로 들어가 막다른 집 마당에 주차한다. 농로를 따라 올라가면 고가수로와 염소목장(오른쪽), 웅덩이(왼쪽)가 있는 S자형으로 굽은 곳이 나온다. 이 굽은 곳을 돌자마자 오른쪽에 등산로가 뚜렷이 나 있다. 약 20분쯤 산행을 하면 큰 바위들이 널려 있는 약수터에 다다른다. 마애불은 약수터 바로 위에 있다. (200쪽)

■■ 구미황상동마애여래입상/ 보물 제1122호

경북 구미시 황상동 금강선원

경부고속도로 구미 IC에서 빠져나와 구미대교를 건너 인동광장네거리에서 좌회전하여 67번 국도를 타고 해평 쪽으로 900m쯤 가면 조그만 고개가 나온다. 왼쪽에 '금강선원'이란 절 이름이 보인다. (61쪽)

■■ 팔공산동봉약사여래입상/ 지유 제20호

대구시 동구 용수동

동화사 국민관광단지 케이블카에서 내려 1시간 반을 산행하면 동봉에 도착할 수 있다. 오른쪽으로 동봉을 오르지 말고 똑바로 헬기장으로 오르면 바로 그 곳이다. (210쪽)

■■ 고령개포리석조관음보살좌상/ 지유 제118호

경북 고령군 개진면 개포2리

고령 → 창녕 간 67번 지방도 열뫼삼거리에서 개진면으로 들어간다. 미륵이 있는 개포2리는 개진면소재지에서 아주 가깝다. 도로에서 마을 뒤 언덕배기에 있는 석불까지 1km. (222쪽)

▪▪ 봉화의양리석조여래입상/ 지유 제131호

경북 봉화군 춘양면 의양4리 용화전

춘양역 뒤에 있으며, 건널목을 건너서 약 100m 전방의 마을
어귀의 독립가옥이 용화전이다. (235쪽)

▪▪ 금릉은기리마애반가보살상/ 지유 제247호

경북 김천시 어모면 은기2리 은석마을

어모면소재지에서 3번 국도를 따라 상주 쪽으로 3km 올라
가면 왼쪽에 은기2리로 들어가는 철도건널목이 나온다. 거기
서 1.8km. 마애불은 각골저수지 입구 오른쪽 바위에 새겨져
있다. (62쪽)

▪▪ 문경관음리마애반가사유상/ 비지정

경북 문경시 문경읍 관음1리

문경읍에서 갈평리 · 관음리로 가는 901번 시도를 따라 가
다가 갈평교를 건너 관음리로 진입. '관음1리' 라는 표석을 지
나서 두 번째 진입로에서 마을로 들어간다. 마애불은 마을에
서 걸어서 10분 거리에 있는 과수원 안에 있다. 문경읍에서 약
13km. (198쪽)

▪▪ 영주옥대리석불입상/ 비지정

경북 영주시 단산면 옥대리 옥대초등학교

중앙고속도로 풍기 IC에서 부석사 방면 931번 지방도를 타
면 소수서원을 지나 단산(옥대)에 이른다. (308쪽)

■■ 경주장항리사지석조여래입상/ 비지정

경북 경주시 인왕동 76번지. 국립경주박물관.
(285쪽)

■■ 경주남산삼화령미륵삼존상/ 비지정

경북 경주시 인왕동 76번지. 국립경주박물관.
(202쪽)

부산 · 경상남도

■■ 거창양평동석조여래입상/ 보물 제377호

경남 거창군 거창읍 양평리
 거창읍에서 김천 방면 3번 국도를 따라 나오면 읍내를 벗어
나는 지점에 개봉사거리가 나온다. 거기에서 우회하여 아월교
를 건너 1084번 지방도를 따라 직진하면 양평마을이 나온다.
국도에서 1.8km. (55쪽)

■■ 양산용화사석조여래좌상/ 보물 제491호

경남 양산시 물금면 물금리 용화사
 물금취수장에서 경부선 철도 밑으로 걸어서 10분.
(64쪽)

■■ 다솔사보안암석불좌상 / 비지정

경남 사천군 곤양면 무고리 보안암

다솔사(多率寺)에서 서쪽으로 산길을 2.5km, 약 40분가량 산행을 해야 한다. (211쪽)

제주도

■■ 제주도복신미륵2구 / 지민 제1호

■■ 동자복미륵

제주시 건입동 개인집.

건입동 산지포구 부근의 노동의원을 찾아서 '미륵밭'을 물어서 골목길을 들어서면 둘째 집이다. (189쪽)

■■ 서자복미륵

제주시 용담동 용화사.

용두담이 있는 용담동에 있는데 한두기포구의 용화사를 찾으면 된다. (190쪽)

《韓國彌勒信仰의 硏究》, 金三龍 著, 同和出版社, 1983.

《彌勒思想의 本質과 展開》, 韓國思想文學 제6집, 瑞文文化社, 1994.

《현토주해 미륵삼부경·원효 술 상생경종요》, 보련각, 1988.

《미륵성전》, 이종익 편저, 운주사, 1992.

《韓國의 佛像》, 秦弘燮 著, 一志社, 1976.

《韓國彫刻史》, 文明大 著, 悅話堂, 1995.

《淨土探微》, 弘學 編著, 巴蜀書社, 2002.

《清淨國土－佛敎淨土觀》, 覺醒 著, 宗敎文化出版社, 2003.

《彌勒淨土論》, [日] 松本文三郎 著·張元林 譯, 宗敎文化出版社, 2001.

《中國歷代紀年佛像圖典》, 金申 編, 文物出版社, 1995.

《佛敎造像》, 歐陽啓名 著, 文化藝術出版社, 2004.

《佛敎造像藝術》, 黃春和 編著, 河北省佛學院, 2001.

《佛敎美術のイコノロジ》, 宮治 昭 著, 吉川弘文館, 1999.

《愛と平和の象徴, 彌勒經》, 渡邊照宏 著, 筑摩書房, 1966.

《佛教にみる世界觀》, 定方 晟 著, 第三文明社, 1980.

《ブッダの生涯》, ジヤン・ボワスリエ 著, 木村清孝 監修, 創元社, 1996.

Cambridge University, 1988. *Maitreya, the Future Buddha.*

Louis Frederic, *Buddhism : Flammarion Iconographic Guides*, Flammarion, 1995.

Benjamin Rowland, *The Art and Architecture of India : Buddhist · Hindu · Jain*, Penguin Books, 1977.

Edward Conze, *Buddhism : Its Essence and Development*, Harper Torchbooks, New York, 1959.

Edward Conze, *Buddhist Meditation,* Harper Torchbooks, New York, 1956.

Eva Rudy Jansen, *The Book of Hindu Imagery*, Binkey Kok Publications, Diever, Holland. 1993.

Henry Clarke Warren, *Buddhism In Translation,* Atheneum/New York, 1979.

미륵의 나라

2006년 6월 23일 초판 발행

펴낸이 | 김 동 금
글쓴이 | 최 종 례
펴낸곳 | 우리출판사
편 집 | 신 용 산 · 오 은 석
디자인 | 전 정 현 · 김 아 름

등 록 | 제9-139호
주 소 | 서울시 서대문구 충정로3가 1-38호
전 화 | (02) 313-5047 · 5056
팩 스 | (02) 393-9696
이메일 | woribook@collian.net

ISBN 89-7561-240-6 03220

정 가 15,000원